Ich näh' dir was

20 kleine Nähideen

zusammengestellt von Cheryl Brown

Jan Thorbecke Verlag

VERLAGSGRUPPE PATMOS

**PATMOS
ESCHBACH
GRÜNEWALD
THORBECKE
SCHWABEN**

Die Verlagsgruppe
mit Sinn für das Leben

Aus dem Englischen von Christine Frauendorf-
Mössel

Umschlaggestaltung: Finken & Bumiller,
Stuttgart

Gedruckt in China

ISBN 978-3-7995-0788-2

Inhalt

Einführung

Gehören Sie zu den vielen Frauen, die entdeckt haben, dass Nähen eine großartige Möglichkeit ist, die eigene Kreativität auszuleben? Suchen Sie nach Anregungen, um elegante und stylische Dinge anzufertigen, die ausgesprochen individuellen Charakter haben und somit einmalig sind? Es bedarf nur etwas „Know-how", attraktives Stoffmaterial und einfache Vorlagen … und einem Start steht nichts mehr im Wege.

Dieses Buch hat Näharbeiten und die dazugehörigen Anleitungen zum Inhalt, in denen Sie alles über das Anfertigen schöner Dinge erfahren. In der Folge stehen zwanzig einfache Projekte zur Auswahl, die in drei Kapitel aufgeteilt wurden. In **Zauberhafte Taschen** finden sich faszinierende Muster für die unterschiedlichsten Handtaschen, vom schicken Täschchen bis zum praktischen Shopper. Hat man erst einmal mit Näharbeiten begonnen, ist dies bald nicht mehr nur Selbstzweck. Die in **Reizvolle Geschenke** gesammelten Ideen eignen sich ideal dazu, anderen eine Freude zu machen – sei es mit einer stilvoll bestickten Buchhülle oder einem gepolstertem Handy- sowie MP3-Player-Etui für aktive und reisefreudige Freunde. Und nicht zuletzt sind es die Produkte aus **Kissen in Vollendung**, die mit faszinierendem Design Ihrem und Ihrer Freunde Zuhause einen neuen Look verpassen.

Der Abschnitt über **Nähtechniken** beginnt auf Seite **89** und führt auch diejenigen ohne Erfahrung im Nähen Schritt für Schritt durch jedes Projekt. Achten Sie auf die Banderole am unteren Seitenrand eines jeden Kapitels, die mit Seitenangaben auf die Informationen verweist, die für das jeweilige Thema wichtig sind. Worauf also noch warten? Entscheiden Sie sich für eine Idee und gehen Sie auf Shoppingtour, um die geeigneten Stoffe und Accessoires für die jeweilige Arbeit zu erwerben.

Zauberhafte Taschen

Tasche im Japan-Look

Diese einfach anzufertigende kleine Tasche bietet mehr als genug Platz für all Ihre unbedingt notwendigen Dinge, denn seitliche Verstärkungen garantieren ungeahnte Geräumigkeit im Inneren. Hochwertiger Baumwollstoff mit japanischen Blumenmotiven verleiht Tasche und Futter die fernöstliche Note. Die Applikation auf der Frontseite und kleine, auf die Enden der Henkel aufgenähte Knöpfe sind perfekte Ergänzung und Blickfang zugleich.

Das Porträt einer Geisha auf der Taschenvorderseite ist der zentrale Blickpunkt. Das Bild wurde auf ein Stück einfarbig gelbgrünen Baumwollstoff mit Transferpaste übertragen und mit einem Satinband mit gewelltem Rand eingefasst.

Sie benötigen ...

- 10 x 15 cm einfarbigen Baumwollstoff
- Transferpaste für Fotokopien
- Malerpinsel
- Schwamm
- 50 cm gemusterten Baumwollstoff (90 cm breit) für die Tasche
- 30 cm gemusterten Baumwollstoff (90 cm breit) für das Futter
- Satinband mit gerüschtem Rand zum Einfassen des Porträts
- zwei Knöpfe
- Nähgarne passend zu den Stoffen

1 Das Geisha-Porträt fotokopieren und ausschneiden. Nach Gebrauchsanweisung des Herstellers die Transferpaste auf das Bild streichen und es mit der Vorderseite nach unten auf das einfarbige Baumwollstoffstück pressen, um es zu übertragen.

2 Die Rückseite des Bildes mit einem Schwamm anfeuchten und das überschüssige Papier vom Stoff abnehmen. Trocknen lassen.

Wählt man für die Tasche (wie hier geschehen) einen beidseitig verwendbaren Baumwollstoff, heben sich Seitenverstärkungen, Boden und Henkel vorteilhaft von der Vorder- und Rückseite der Tasche ab.

3 Die Mustervorlagen für Taschenkörper, Boden und Seitenteile auf Seite 110 vergrößern. Die einzelnen Musterteile ausschneiden: eine Frontseite, eine Rückseite, zwei Seitenteile und einen Boden für jeweils Tasche und Futter. Für die Henkel zwei Streifen in den Maßen 7 x 40 cm aus dem Taschenstoff (ohne Futter) zuschneiden.

4 Die Kanten des Geisha-Porträts sauber begradigen und es mittig auf die Taschenvorderseite stecken. Mit der Maschine feststeppen. Dabei die Nahtzugabe so schmal wie möglich halten.

5 Den Taschenboden rechts auf rechts an die Taschenvorderseite stecken. Die Naht mit einer Nahtzugabe von 1,5 cm absteppen. Dabei an jedem Ende 1,5 cm offen lassen. Die Seitenteile rechts auf rechts an die Taschenvorderseite stecken. Die Seitenteile mit der Maschine annähen. Beidseitig 1,5 cm bis zum Taschenboden offen lassen.

Techniken Näh-Grundausstattung S. 90 … Nähen mit der Nähmaschine S. 95 … Saumstich S. 101 … Knopf annähen S. 109 … *Schablonen* Geisha-Porträt S. 111 … Taschenkörper, Boden und Seitenteile S. 110

6 Die schmalen, unteren Kanten der Seitenteile an die schmalen Kanten des Taschenbodens stecken. Bis 1,5 cm vor Ende der anderen Seite zusammensteppen.

7 Das gerüschte Satinband um das Geisha-Porträt nähen.

8 Die Taschenrückseite an Seitenteile und Boden stecken und die Nähte mit der Maschine schließen.

9 Das Taschenfutter auf dieselbe Art und Weise zusammennähen wie zuvor den Taschenkörper.

10 Die Nahtecken diagonal abschneiden und die Nähte auseinander bügeln. Die Tasche wenden. Das Futter links auf links in den Taschenkörper geben und glatt streichen. Den oberen Rand des Futters an die Kanten der Tasche stecken, heften und absteppen. Anschließend die unversäuberte Kante um 1,5 cm nach innen umschlagen und umbügeln. Mit Saumstich von Hand rundherum säumen.

11 Die Henkel rechts auf rechts zur Hälfte falten und bügeln. Die Längskanten und eine schmale Kante mit einer Nahtzugabe von 1 cm mit der Maschine absteppen. Die Nahtecken diagonal einkürzen. Auch die Nahtzugaben einkürzen. Anschließend die Henkel auf rechts wenden und bügeln. Die unverputzten schmalen Schnittkanten an bei-

den Henkeln nach innen schlagen und die Öffnungen mit Saumstichen schließen.

12 Die Henkel an Vorder- und Rückseite der Tasche in einem Abstand von 2 cm unterhalb des Randes stecken. Die Henkel feststeppen, indem man 1 mm innerhalb der Kanten im Quadrat und anschließend zur Sicherheit jeweils eine Quernaht von Ecke zu Ecke näht.

13 Auf das Ende jedes Henkels an der Taschenvorderseite mittig einen Knopf nähen.

Eine Tasche für alle Fälle

Handtaschen aus Stoff sind das perfekte Accessoire passend zu jedem Outfit. Dieses gute Stück besteht aus braun-grün kariertem Wollstoff, kombiniert mit echtem Wildleder, und ist als schicke Allzwecktasche gedacht. Ebenso problemlos kann nach derselben Vorlage eine elegante Tasche für eine Hochzeit oder eine besondere Abendeinladung (siehe Seite 19) gefertigt werden. Sie besteht in jedem Fall aus zwei Teilen, wobei die Nähte über den Taschenboden und jeweils quer auf jeder Seite im rechten Winkel zur Hauptnaht verlaufen, um der Tasche einen Boden und damit eine Kastenform zu geben. Falls gewünscht, können die beiden kurzen Henkel gegen einen langen Henkel wie bei einer Schultertasche ausgetauscht werden.

Für die hier abgebildete Tasche wurde der Stoff in einem Secondhandladen erworben – in diesem Fall gehörte er ursprünglich zu einem karierten Wollrock mit Seidenfutter. Die Lederteile stammen von einer Wildlederjacke. Die stilisierte, plastisch gearbeitete Blume schmückt ein schöner alter Knopf.

Sie benötigen …

- 30 x 80 cm karierter Wollstoffrest
- 30 x 80 cm Futterstoff
- 30 x 80 cm Einlage aus festem Tuch (Segeltuch)
- 15 x 16 cm Futterstoff für die Innentasche
- Wildlederreste (ohne Steppmuster) für Henkel und Applikation
- Haftvlies (Vliesofix)
- einen kleinen, einfarbigen Wollstoffrest
- Textilkleber in Sprayform
- einen dekorativen Knopf
- einen Metall-Magnetverschluss
- Nähseide in passenden Farben zu Stoffen und Leder

1 Die Mustervorlage für den Taschenkörper auf Seite 113 vergrößern und ausschneiden. Mithilfe des Musters ein Vorderteil und ein Rückteil aus dem Wollstoff zuschneiden. Anschließend zwei Teile für das Futter und zwei für die Einlage (Verstärkung) sowie zwei Streifen von 8 x 50 cm aus Wildleder für die Henkel zuschneiden.

2 Mithilfe der Schablonen auf Seite 112 das große und kleine Blumenmotiv auf das Haftvlies übertragen. Das größere Motiv auf das Wildleder und das kleinere auf den Wollstoffrest aufbringen. Ausschneiden, das Schutzpapier abziehen und beide Blüten auf die entsprechenden Stoffe aufbügeln. Mit Zickzackstich die Kanten beider Blumenmotive mit der Maschine einfassen und zur Seite legen.

3 Mit dem Textilkleber das Segeltuch einsprühen und auf die Innenseite des Vorder- und des Rückteils des Taschenkörpers kleben.

4 Die kleinere Blüte auf die größere legen und mittig links auf rechts auf die Taschenvorderseite stecken. Zur Befestigung vom Blumenmittelpunkt aus mit der Maschine jeweils ungefähr eine Naht von 3 cm (strahlenförmig) in die Mitte eines jedes Blütenblatts steppen.

Alternativ könnten Taschenvorderseite und Henkel mit Schmetterlingen geschmückt werden.

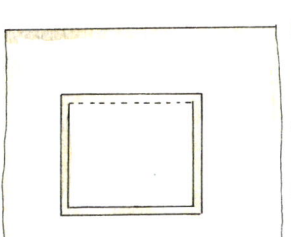

5 Zur Vorbereitung der Innentasche eine der beiden Längsseiten des Rechtecks aus Futterstoff um 1 cm umschlagen und bügeln. Anschließend erneut um 1 cm umschlagen, bügeln und absteppen. Die restlichen drei Schnittkanten mit Zickzackstich versäubern, um 1 cm einschlagen und bügeln. Auf das Futter links auf rechts die Tasche aufstecken und die drei zu schließenden Kanten mit einer Doppelnaht absteppen.

6 Um das Futter einzunähen, die Vorderseite und die Rückseite rechts auf rechts zusammenstecken und Seitennaht und Bodennaht mit einer Nahtzugabe von 1 cm schließen. Dabei in der Bodennaht eine Öffnung von 10 cm geöffnet lassen, um die Tasche nach außen stülpen zu können. Die Nähte anschließend flach auseinanderbügeln.

7 Um den Boden der Tasche zu formen, wird auf der linken Seite weitergearbeitet. Die Ecken des Bodens entlang der Bodennaht auffalten, 3 cm ab-

messen und mit der Maschine eine gerade Naht im rechten Winkel über die Breite nähen. Dies an den entsprechenden Ecken von Futter und Außenhülle wiederholen.

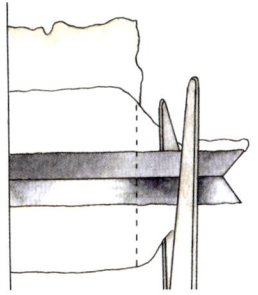

8 Die oberen Randkanten der Tasche an die oberen Ränder des Futters rechts auf rechts stecken und heften. Anschließend mit einer Nahtzugabe von 1 cm absteppen. (Dabei an der Position für den Magnetverschluss eventuell eine Verstärkung einfügen. Siehe Tipp.)

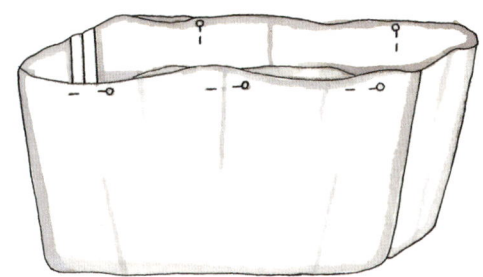

9 Auf die rechte Seite wenden. Die Säume gegen das Futter umbügeln und mit kleinen Geradstichen von der Futterseite aus knappkantig unternähen.

10 Das Taschenfutter sorgfältig in die Ecken des Taschenbodens schieben und mit dem Dampfbügeleisen scharfe Falze bügeln.

Um ein Durchscheuern des Stoffs auf der Taschenvorderseite zu verhindern, beidseitig einen Streifen Segeltuch zwischen Stoff und Verschlussteile einschieben, bevor diese aufgenäht werden.

11 Für die Henkel die Längskanten der Stoffstreifen knapp 1 cm umbügeln. Feststecken und absteppen. Anschließend die schmalen Schnittkanten ebenfalls knapp 1 cm umbügeln und an die entsprechenden Stellen stecken (siehe Handtaschenkörper-Schablone). Ein Quadrat von 2 x 2 cm knappkantig aufsteppen. Zur Sicherheit noch eine diagonale Steppnaht von Ecke zu Ecke darüberstecken (siehe Bild oben). Für die Lederarbeiten eventuell eine Ledernadel in den Nähfuß einstecken.

12 Den Magnetverschluss nach Angaben des Herstellers befestigen.

13 Schließlich wird der Knopf in die Mitte der Blüte genäht. Die fertige Tasche dampfbügeln.

Verspielte Abendtasche

Die vorhergehende Handtasche ist so kinderleicht herzustellen, dass man am liebsten mehrere nähen möchte. Hier ist der mit rosafarbenem Leinen unterlegte Dévoré-Seidensamt mit farblich abgestimmten Perlen bestickt. Anstatt eines Magnetverschlusses wurde hier ein elegantes Seidenband zum Zubinden verwendet. Entwerfen Sie mithilfe der Muster auf Seite 113 eine eigene Tasche und Sie nennen ein absolutes Einzelstück Ihr Eigen.

Tasche aus Strick

Nichts ist niederschmetternder, als den Lieblingspullover verfilzt und um zwei Größen geschrumpft aus der Waschmaschine zu ziehen. Diese negative Eigenschaft von Wolltextilien wurde hier ins Positive gewendet und für eine schicke Tasche genutzt. Allerdings muss hierfür nicht absichtlich der Lieblingspullover vernichtet werden. Einfacher ist es, einen verfilzten Pullover in einem Trödelladen zu erwerben. Suchen Sie nach Strickwaren mit interessanten Mustern und nach Accessoires, die Sie in das Design mit einbeziehen können.

Diese flauschige Ansteckblume ist das i-Tüpfelchen auf der Tasche aus recycelter Strickware. Sie ist spielend einfach herzustellen. Die verwendeten Perlen verleihen ihr einen Hauch von Luxus.

Sie benötigen:

- einen alten Wollpullover oder eine Wolljacke
- Wattierung
- zwei kleine Filzkugeln (alternativ: zwei Knöpfe)
- gemusterten Futterstoff (siehe Schritt 10 für die Größenkalkulation)
- Zeichendreieck (Geodreieck)
- zwei Quadrate (25 x 25 cm) aus Synthetikfilz in unterschiedlicher Farbe
- 14 kleine Perlen (Durchmesser: 6 mm)
- Rocailles-Perlen
- Nähgarne in passenden Farben

1 Um die Wolljacke oder den Wollpullover zu verfilzen, diese bzw. diesen zusammen mit einem alten Jeanspaar (die Reibung beschleunigt den Verfilzungsprozess) in die Waschmaschine geben und bei 60 Grad mit normalem Waschpulver im Hauptwaschgang waschen.

2 Den Reißverschluss (falls vorhanden) heraustrennen und entsorgen. Die Öffnung sorgfältig von Hand mit kleinen, sauberen Saumstichen wieder schließen. Die Ärmel entlang der Nähte herausschneiden oder trennen und zur Seite legen.

3 Mit der Schneiderschere knapp unter den Ärmelausschnitten einmal quer über die Wolljacke oder den Wollpullover schneiden. Den oberen Teil entsorgen.

Nebenstehend die Kapuzenjacke, aus der die Tasche entstanden ist. Sämtliche interessanten Besonderheiten oder Muster, die das gewählte Kleidungsstück bietet, können verwendet werden – in diesem Fall sind es die Einfassung des Reißverschlusses, Taschen, das andersfarbige Strickbündchen und die gestreiften Ärmel. Die Seitenteile der Jacke bilden die Seitenteile der Tasche, sodass nur die unteren Abschlusskanten versäumt werden müssen. Außerdem wird einer der Ärmel als attraktive Einfassung an die obere Kante der Tasche genäht, während der zweite Ärmel, in zwei Teile geschnitten, als Henkel dient.

Vergewissern Sie sich, dass das gewählte Kleidungsstück zumindest zu 80 Prozent aus reiner Wolle besteht. Ist der Synthetikanteil zu hoch, verfilzt die Wolle nicht wie gewünscht.

Techniken Näh-Grundausstattung S. 90 ... Saumstich S. 101 ... Nähen mit der Nähmaschine S. 95 ... Perlen aufnähen S. 108 **Schablonen** Ansteckblume S. 112

4 Die Wolljacke oder den Wollpullover auf links wenden und die beiden unteren Kanten des Strickbündchens mit der Maschine zusammensteppen (siehe Bild rechts). Die Vorder- und Rückseite des Kleidungsstücks bilden auf diese Weise Vorder- und Rückseite der Tasche. Am Taschenkörper ist damit keine weitere Naht nötig.

5 Einen Ärmel längsseits in zwei Teile schneiden. Aus einem der beiden Teile einen 4 cm breiten Streifen schneiden, der lange genug ist, um die Taschenöffnung einzufassen – plus eine kleine

Nahtzugabe. Die Enden zusammennähen, sodass ein Ring entsteht. Die zweite Ärmelhälfte entsorgen.

6 Den Ärmelstreifen an die innere Oberkante der Tasche stecken und mit der Maschine annähen. Den Ärmelstreifen anschließend über die Kante wie einen Kragen nach außen klappen und leicht einrollen. An der Außenseite von Hand mit sauberen, kleinen Saumstichen annähen (siehe Bild links).

7 Den zweiten Ärmel ebenfalls der Länge nach in zwei Teile und jeden Teil auf die Maße 9 x 44 cm zurechtschneiden. Für den Taschenhenkel die Längskanten der einen Ärmelhälfte rechts auf rechts zusammenstecken und absteppen. Wenden. Polyesterwattierung mithilfe einer langen Stricknadel in den Henkel stopfen, bis dieser rundlich gepolstert ist. Den Vorgang mit der zweiten Ärmelhälfte wiederholen.

8 5 cm von jeder Seite und 3 cm vom oberen Rand einmessen und die Enden der beiden Henkel in Position stecken. Von Hand die Henkel gut festnähen (siehe Bild rechts oben).

9 Einen Strickstreifen der Maße 2 x 12 cm von der Wolljacke abschneiden und daraus eine schmale Schlaufe bilden. Die Schlaufe mit einigen Stichen zusammennähen und anschließend mittig an der Innenseite des Taschenrückteils befestigen (siehe Bild rechts unten).

10 Auf der gegenüberliegenden Mitte eine Filzkugel (alternativ einen Knopf) als Verschluss annähen (siehe Bild links).

11 Das Taschenfutter rechts auf rechts auf die Hälfte falten. Höhe und Breite der Tasche ausmessen. Mit einem Zeichendreieck (Geodreieck) nach diesen Maßen ein Rechteck auf den Futterstoff aufzeichnen, wobei die Falz den Taschenboden bildet. Das Rechteck ausschneiden.

12 Die Seitenkanten mit der Maschine mit einer Steppnaht und einer Nahtzugabe von 6 mm schließen. Auf die rechte Seite wenden und an der oberen Kante einen Saum von 2 cm umbügeln. Das Futter in die Tasche schieben und die umgeschlagene Kante innen, knapp unterhalb des Taschenrandes feststecken. Von Hand mit kleinen Saumstichen rundherum annähen (siehe Bild unten).

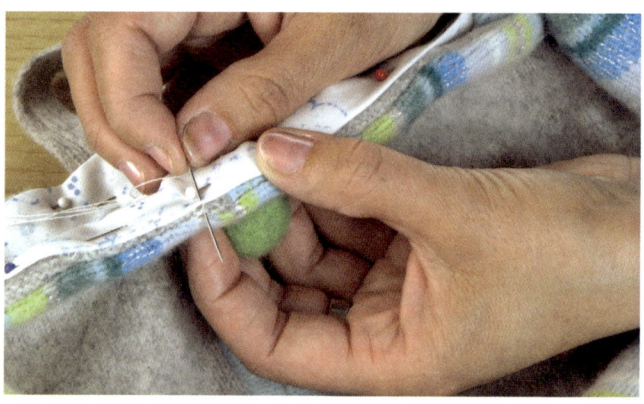

13 Mithilfe der Ansteckblumen-Schablone auf Seite 112 Papiermuster für die Blütenmitte und die Blütenblätter erstellen. Das Muster für die Blütenmitte auf ein Filzviereck stecken und ausschneiden. Mit dem Muster für die Blütenblätter ferner fünf Blütenblätter aus dem zweiten Filzviereck ausschneiden.

14 Die Blütenmitte mit einer spitzen Stickschere am Rand mehrfach einschneiden. Jedes Blütenblatt (mit einer Falte in der Mitte) zusammenstecken, um eine dreidimensionale Blüte zu schaffen, und mit wenigen Stichen befestigen (siehe Bild rechts oben). Die Blütenblätter am unteren Rand zusammennähen und anschließend die Blütenmitte mit einigen Stichen darauf befestigen.

15 Die zweite Filzkugel (alternativ einen Knopf) in die Blütenmitte und die kleinen Perlen im Kreis darum herum aufnähen. Auf der Filzkugel einige Rocailles-Perlen mit kleinen Stichen befestigen (siehe Bild rechts unten). Vorsichtig die Ansteckblume in die obere rechte Ecke der Tasche nähen.

Tasche im Fair Isle-Muster

Bei dieser Variante war der Pullover in einem durchgehenden Muster gehalten, sodass lediglich die Grundform der Tasche etwas verändert wurde, um ihr einen eigenen Stil zu geben. Ärmel und Kragen des Pullovers wurden abgetrennt und der übrige Strickstoff in zwei Rechtecke für Vorder- und Rückseite geschnitten, die sich nach oben hin trapezförmig verjüngen.

Das für die Fair Isle (gehört zur Gruppe der Shetlandinseln) typische, zweifarbige, bandartige Muster eignet sich geradezu perfekt, um eine Tasche daraus zu fertigen.

Eine Reihe großer, passender Knöpfe wurde an die Taschenvorderseite genäht, um der Tasche ein modernes Stilelement hinzuzufügen.

Shopper für City-Girls

Diese einfache Tasche ist ideal, um darin die alltäglichen Gebrauchsgegenstände auf dem Hin- und Rückweg zum Arbeitsplatz zu transportieren. Das geräumige, stabile Format nimmt Kalender und Brieftasche auf, und der Reißverschluss sorgt dafür, dass alles sicher verwahrt ist. Das Taschenmaterial hier sind Tweed- und Wollstoffe in lilapurpurnen und grünen Tönen. Die Mischung unterschiedlicher Muster und Texturen innerhalb des Farbschemas macht die Tasche besonders attraktiv.

Zwei geräumige, aufgesetzte Taschen sind ideal, um Stifte und Lippenstift stets griffbereit zu verstauen.

Sie benötigen …

- Tweedstoffe in Purpur-, Braun- und Grüntönen
- doppelseitiges Haftvlies (Vliesofix)
- zwei große Holzknöpfe
- einen mittelgroßen Holzknopf
- einen purpurfarbenen Reißverschluss (36 cm)
- Näh- und Stickgarne in passenden Farben

1 Zwei Teile von jeweils 28 x 38 cm aus dem purpurfarbenen Tweedstoff zuschneiden. Diese bilden später Vorder- und Rückseite der Tasche. Einen Streifen von 10 x 90 cm für den Henkel ausschneiden. Hierfür zwei braune Tweedstoffe wählen und aus jedem außerdem ein Rechteck von 12 x 15,5 cm für die Taschen zuschneiden. Alle Teile beiseitelegen.

2 Mit der Blumenschablone auf Seite 114 die äußere Blüte, die innere Blüte und die Blütenmitte auf Vliesofix aufbringen (siehe Bild unten). Die Formen grob ausschneiden, auf die linke Seite der gewählten Stoffe aufbügeln und ausschneiden.

3 Die große Blüte in die untere linke Ecke von einem der purpurfarbenen Tweedteile legen. Die Schutzfolie entfernen und festbügeln. Die kleinere Blume auf die größere (Positionierung siehe Bild auf Seite 31) bügeln. Schließlich die Kreisform als Blütenmitte mit einigen Stichen auf der kleineren Blume befestigen.

4 Mit grünem Nähgarn die Konturen der großen Blume mit einer doppelten Ziernaht betonen. Anschließend mit dem purpurnen Garn Blütenblattränder der kleinen Blüte mit Saumstichen sichern und mit Vorstichen umranden. Mit dem braunen Faden die Blütenmitte mit Hexenstich fixieren (siehe Bild rechts und Bildbanderole oben).

5 Mit kleinen Stichen über die Mitte der kleineren Blütenblätter eine Ziernaht nähen. Auf der Blütenmitte einen Holzknopf mittlerer Größe befestigen.

6 Nach dem Bild auf Seite 31 ein Muster für die Verzierung der aufgesetzten Taschen entwerfen und auf Vliesofix aufzeichnen. Zwei Stoffe auswählen, die gewählte Form auf die linke Seite aufbügeln und ausschneiden. Die beiden braunen, als Taschen zurechtgeschnittenen Tweedteile nehmen und die beiden ausgeschnittenen Formen daraufstecken (siehe Bild links). Die Schutzschicht abnehmen und aufbügeln.

Techniken Näh-Grundausstattung S. 90 ... Vliesofix S. 105 ... Vorstich S. 102 ... Hexenstich S. 102 ... Knopf annähen S. 109 ... Nähen mit der Nähmaschine S. 95 ... Einnähen eines Reißverschlusses S. 99 ... *Schablonen* Blütenapplikation S. 114

7 Die Unterkanten der Taschenverzierungen mit Vorstichen fixieren. Einen großen Holzknopf auf jede Tasche nähen (siehe Bild rechts oben). Die Taschenkanten unten und an den Seiten um 1 cm und an der Oberkante um 2 cm umschlagen. Anschließend umbügeln und feststecken. Die Oberkante mit der Maschine absteppen.

8 Die Einschübe auf die Vorderseite der Tasche stecken und drei Seiten mit der Maschine absteppen. Die obere Kante für den Eingriff geöffnet lassen. Die Seiten und die untere Kante der Taschen mit grüner und die obere Kante mit purpurner Ziernaht akzentuieren.

9 Die Oberkante der Vorderseite der Handtasche um 1 cm umschlagen und umbügeln. Die eine Seite des Reißverschlusses daran feststecken und anschließend einnähen (siehe Bild rechts unten). Den Vorgang an der Oberkante der Rückseite wiederholen.

10 Vorder- und Rückseite der Tasche rechts auf rechts wenden und die restlichen drei Seiten aneinanderstecken. Diese Nähte mit der Nähmaschine und einer Nahtzugabe von 1 cm schließen. Anschließend auf rechts drehen und bügeln.

11 Den vorgeschnittenen Stoffstreifen für den Henkel längsseits zur Hälfte rechts auf rechts falten. Die unversäuberten Kanten der Länge nach zusammenstecken und mit der Maschine absteppen. Anschließend den Streifen mithilfe einer Sicherheitsnadel auf rechts stülpen, glatt bügeln und erneut mit der Maschine 5 mm neben beiden Längsseiten schmalkantig absteppen.

12 Die unversäuberten Enden des Henkels einschlagen und den Henkel 4 cm unterhalb der Oberkante auf die Tasche stecken. Durch eine Naht im Viereck und zur Sicherheit mit einem Kreuz in der Mitte festnähen (siehe Bild rechts).

Als Alternative zu den Holzknöpfen besonders große, glänzende Knöpfe aus Plastik oder Metall verwenden. Sie reflektieren das Licht und schimmern sanft vor dem dunklen Stoffhintergrund.

Reizvolle Geschenke

Alles in Hülle ...

Es gibt kaum etwas Einfacheres, als ein stilloses Notizbuch mit dieser kreativen, abnehmbaren Buchhülle in einen eleganten Taschenkalender zu verwandeln. Ihre Freundinnen werden Sie um diesen Einband beneiden. Wählen Sie ein nicht fusselndes, reißfestes Material, wie zum Beispiel einen Deckenstoff oder mittelstarken Filz, und versuchen Sie sich an einfachen Stick-Motiven wie diesen schlichten, stilisierten Blumen.

Mit einem einfachen Stielstich werden Blumenstiele und Blätter aufgestickt. Anschließend dienen einige farblich abgestimmte Holzperlen als Blütenköpfe.

Sie benötigen ...

- Kalender oder Notizbuch Größe DIN A6: 10,5 x 14,8 cm
- Blatt Papier DIN A4
- 20 x 40 cm Wolldeckenstoff oder Filz
- 21 schwarze Holzperlen (4 mm)
- schwarzes Perlgarn (100 % Baumwolle) Nr. 5 und Nr. 8

1 Als Erstes eine Papiervorlage für die Buchhülle anfertigen. Hierzu das Blatt Papier in das Notizbuch so einlegen, dass es an der Oberkante des Einbandes und an der Seite 6 mm übersteht. Die Ecken markieren. Anschließend den Umfang des Notizbuchs mit einer Zugabe von 6 mm rundherum ausmessen und das Papier entsprechend zurechtschneiden.

2 Den Deckenstoff auf eine Schneidematte legen und nach der Papiervorlage zuschneiden. Zwei Streifen derselben Höhe und von 5,5 cm Breite für die Einstecklasche ausschneiden.

3 Einen der beiden Streifen für die Einstecklaschen auf das eine Ende des Rechtecks legen. Das Perlgarn Nr. 8 in eine Sticknadel einfädeln. Die Nadel in die Einschublasche einstecken, die Kanten mit einem Languettenstich mit Knötchen einfassen und auf diese Weise zusammenfügen. Testen, ob die Hülle die entsprechende Höhe hat. Wenn nötig die Kanten leicht einkürzen und angleichen.

4 Einschublasche und Hülle auf der anderen Seite auf dieselbe Weise einfassen und aneinanderfügen. Anschließend die ungesäumten Schnittkanten zwischen den beiden Einstecklaschen ebenfalls mit Languettenstich umranden. Dabei einen Faden von ausreichender Länge abschneiden, um die Lücke in einem Durchgang zu schließen. Das Garn kann am einlagigen Stoff nicht unsichtbar vernäht werden.

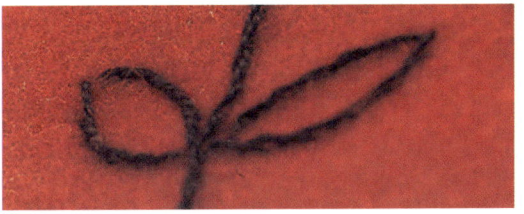

Als Alternative die Einstiche der Languettenstich-Einfassung mit spitzer Nadel vorher markieren, um eine Gleichmäßigkeit der Stiche zu erzielen.

5 Das Notizbuch in die Hülle schieben. Mit der Schablone für Perlenblüten von Seite 111 das Motiv in die Mitte der Deckelhülle mit einem selbstauflösenden Markierstift aufzeichnen. Das Notizbuch aus der Hülle nehmen. Mit Stielstichen die Blumenstiele und Blätter entlang der markierten Linien mit dem Perlstickgarn Nr. 8 aus Baumwolle arbeiten (siehe Bild rechts oben).

6 Das feinere Perlgarn Nr. 5 in die Sticknadel (mit stumpfer Spitze) einfädeln und eine runde Holzperle direkt über die gestickten Linien nähen. Anschließend jeweils weitere sechs Perlen um jede Blütenmitte befestigen. Die Garnenden zum Schluss an der Innenseite der Buchhülle vernähen.

Techniken Näh-Grundausstattung S. 90 … Verwendung von Rollschneidern S. 94 … Languettenstich mit Knötchen S. 103 … Stielstich S. 104 … Perlen aufnähen S. 108 … **Schablonen** Perlenblüten S. 111

Duftende Präsente

Duftende Dekorationen sind das perfekte Geschenk – ideal zum Beispiel für den Christbaumschmuck zu Weihnachten oder für eine schöne Duftnuance in einem Schlafzimmer. Diese dekorativen Duftträger sind aus Stoffresten einfach anzufertigen. Eine Sammlung zauberhafter Seiden- oder Wollstoffe sowie Samt sind hier zur Anwendung gekommen. Wählen Sie hübsche gewürfelte Baumwolle und Karomuster für ein eher rustikales Flair oder zarte Blütenmuster für einen femininen Touch.

Die Anleitungen dieses Projekts zeigen, wie man dekorativen Schmuck in Vogelform herstellt. Ebenso gut können Sie jedoch andere Figuren und eigene Entwürfe nacharbeiten. Dabei darauf achten, dass die Form auch ausgepolstert schön wirkt. Prägnante, plastische Formen wie Herzen und Sterne funktionieren am besten.

**Sie benötigen
für den dekorativen
Vogelschmuck …**

-  zwei Stoffreste
  für Vogelkörper
  und Flügel
- 24 cm Jute-
  Gartenschnur,
  reißfest
- 45 cm einfachen
  Jute-Zwirn
- doppelseitiges
  Haftvlies (Vliesofix)
- Nähgarn
  in passenden Farben
- Stickgarne in
  Kontrastfarben zu
  den Stoffen
- Füllmaterial (Watte)
- getrocknete Duftkräuter
- drei Glasperlen
  (Lochdurchmesser
  2 mm)
- zwei Knöpfe für
  die Augen
  (6 mm Durchmesser)

1 Mithilfe der Schablone auf Seite 115 zwei Vogelformen (eine davon spiegelverkehrt) aus dem Stoff für den Vogelkörper ausschneiden.

2 Mit der Schablone von Seite 115 zwei Flügelformen aus Haftvlies ausschneiden. Auf den Stoff für die Flügel aufbringen, ausschneiden und in die Mitte des Vogelkörpers aufbügeln. Ein Stickgarn in einer Komplementärfarbe auswählen und jeden Flügel mit Languettenstich einfassen (siehe Bild unten).

3 Die reißfeste Jute-Gartenschnur auf die Hälfte falten und einen Knoten binden. Die Teile für den Vogelkörper rechts auf rechts zusammenstecken und die Schnur an der Position der Füße einführen (siehe Schablone und Bild rechts oben). Mit einer Nahtzugabe von 6 mm den Vogelkörper umstepen. Dabei eine Öffnung von 8 cm frei lassen. Darauf achten, das lange Ende der Gartenschnur nicht in die Naht einzunähen.

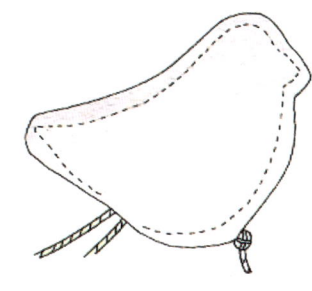

4 Die Nahtzugabe um Schnabel und Rundungen an Kopf und Bauch einkürzen. Den Vogelkörper auf rechts wenden. Dabei Schwanz und Schnabel sorgfältig ausstülpen. Den Vogelkörper prall ausstopfen, besonders an Schnabel und Schwanzende. Einen Teelöffel Lavendelblüten (je nach Jahreszeit oder Thema auch: Thymian, Rosmarin, Salbei, Zimt, Ingwer, Orange, Waldmeister etc.) mit in das Füllmaterial geben. Die Öffnung zustecken und anschließend mit Saumstich schließen.

Schwanz und Schnabel mit einer Stricknadel vorsichtig ausstopfen, ohne dabei Löcher in den Vogel zu machen.

5 Den Jutezwirn in eine spitze Nähnadel mit großer Öse einfädeln. Die Nadel am unteren Nacken einstecken und den Zwirn so durchziehen, dass ein kurzes und ein langes Ende bleibt (ungefähr 8 cm/siehe Bild rechts unten).

Techniken Näh-Grundausstattung S. 90 ... Verwendung von Haftvlies (Vliesofix) S. 105 ... Languettenstich S. 103 ... Nähen mit der Nähmaschine S. 95 ... Saumstich S. 101 ... **Schablonen** Vogel S. 115

6 Einen doppelten Knoten machen und den überstehenden Zwirn an dem kürzeren Ende abschneiden. Die drei Glasperlen auf den Zwirn aufziehen. Eine große Schlaufe (ungefähr 12 cm lang, wenn doppelt) legen und einen doppelten Knoten hinter den Glasperlen binden. Den überschüssigen Zwirn abschneiden.

7 Als Letztes einen Knoten in jedes der Beine aus Gartenschnur binden (ungefähr 3 cm vom Körper entfernt) und die überschüssige Schnur bis auf ungefähr 1 cm einkürzen. Einen kleinen Knopf als Auge auf jede Seite des Vogelkopfes aufnähen.

Mit der Stern-Schablone von Seite 116 herrlich nach Zimt duftenden Weihnachtsschmuck, wie auf der gegenüberliegenden Seite gezeigt, arbeiten. Als zauberhaftes Geschenk zum Valentinstag eignet sich die Herz-Schablone für ein nach Rosen duftendes Dekor (siehe nebenstehendes Bild).

Musik für unterwegs

Alle diejenigen, die stets endlos in Handtaschen nach Handy, Sonnenbrille oder MP3-Player kramen müssen, freuen sich bestimmt über dieses praktische kleine Geschenk, das hilft, all diese Dinge sicher und griffbereit zu verwahren. Für einen MP3-Player konzipiert, misst diese Hülle 13 x 6 cm, sodass sie in der Größe möglicherweise an den jeweiligen Gegenstand angepasst werden muss. Für ein schickes Sonnenbrillenetui jedenfalls sollte die Hülle größer ausfallen.

Aus Fleecestoff gefertigt mit dekorativer Applikation und schickem Stoffrand schützt diese Hülle einen MP3-Player auf der Reise.

Sie benötigen ....

- Fleecematerial
- einfarbigen Stoff für den oberen Rand
- gemusterten Stoff für die große Applikation
- doppelseitiges Haftvlies (Vliesofix)
- eine große Holzperle
- Band (3 mm breit)
- Nähgarn in passenden Farben

1 Fleecematerial in den Maßen 12 x 14 cm und einfarbigen Stoff von der Größe 8 x 14 cm ausschneiden. Die beiden Stoffe rechts auf rechts entlang der 14-cm-Kante aufeinanderstecken und die Naht mit der Maschine steppen (siehe Bild unten).

2 Haftvlies auf den gemusterten Stoff für die Applikation geben und ein dekoratives Motiv ausschneiden – in diesem Fall eine Blüte. Die Schutzfolie vom Haftvlies abziehen und mittig auf den Fleecestoff aufbügeln. Mit Steppstichen auf der Maschine die dekorativen Muster betonen (siehe Bild unten). Dabei in der Blütenmitte beginnen.

3 Jedes Blütenblatt mit Steppstichen umranden und den äußeren Rand absteppen.

4 Den Rand aus grünem Stoff einschlagen, damit eine 4 cm breite Stulpe über dem cremefarbenen Material verbleibt. Rand feststecken und 1 cm über der Verbindungsnaht absteppen.

5 Das Stoffrechteck für die Hülle auf die Hälfte rechts auf rechts falten, die Längskanten und die untere schmale Seite zusammenstecken. Der obere Rand bleibt geöffnet. Die Nähte absteppen, öffnen und auseinander bügeln.

6 Auf rechts wenden und glatt bügeln. Ein Band von 10 cm Länge zuschneiden. Auf die Hälfte falten und die unversäuberten Enden in die Mitte des Randes auf die Etürückseite als Verschlussschlinge nähen. Die Holzperle auf der Etuivorderseite befestigen und die Verschlussschlinge darüberziehen.

Techniken Näh-Grundausstattung S. 90 ... Nähen mit der Nähmaschine S. 95 ... Verwendung von Haftvlies (Vliesofix) S. 105

Kunterbunte Handarbeiten

Nachfolgend das perfekte Geschenk für befreundete Handarbeitsfans – ein allerliebstes herzförmiges Nadelkissen und eine elegante Nährolle mit vielen Fächern und Taschen für alle wichtigen Nähutensilien. Die Nährolle ist aus kunterbuntem Patchwork nach der Stitch-and-Flip-Technik entstanden. Das Nadelkissen besteht eigentlich nur aus zwei zusammengenähten Dreiecken.

Sowohl das Nadelkissen als auch die Nährolle sind mit praktischen Fächern für die einzelnen Nähutensilien ausgestattet. Für beide wurden dieselben Stoffe verwendet. Außerdem sind sie mit Knöpfen, Zierrat und Resten von Bändern und Borten geschmückt, um einen eher rustikalen Stil zu erzeugen.

Sie benötigen für die Nährolle …

- 50 x 25,5 cm groben Nesselstoff
- Leinenreste
- Bänder und Borten
- 50 x 25,5 cm dünne Wattierung (Volumenvlies)
- 50 x 25,5 cm Karostoff für die Einfassung
- ungefähr 50 x 55 cm Leinen für Taschen
- Reißverschluss (25,5 cm)
- 18 x 25,5 cm Stoff mit Punktmuster
- Knöpfe und Zierrat
- Webband (5 cm breit)
- D-Ring
- Stoffband zum Binden (4,5 cm breit, 152,5 cm lang)
- Druckknopfverschluss
- Stickgarne in passenden Farben

1 Um das kunterbunte Patchwork-Rechteck der äußeren Hülle herzustellen, wird als Trägermaterial Nesselstoff verwendet. Auf dem Trägerstoff werden dann die Reste von Leinen nach der Stitch-and-Flip-Technik zusammengefügt. Die Nähte werden mit Borten, Bändern und Spitze verbrämt.

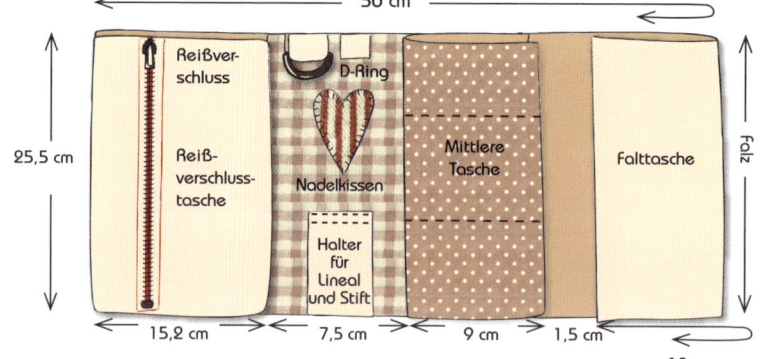

Die Anordnung im Innern der Nährolle: Halten Sie sich an diese Vorlage, während Sie sich durch die einzelnen beschriebenen Schritte zum Aufnähen von Taschen und Zubehör arbeiten.

2 Die Wattierung (z.B. Volumenvlies) auf die linke Seite des Karostoffes für die Einfassung stecken. Zur Seite legen.

3 Für die Reißverschlusstasche zwei Leinenrechtecke einmal der Maße 10 x 25,5 cm und einmal 20 x 25,5 cm zuschneiden. Jedes Stoffstück links auf links auf die Hälfte falten und auf die Falzkanten jeweils ein einfaches Band oder Webband nähen (Skizze A).

4 Das kleinere Stoffstück zur Hand nehmen und den Reißverschluss unter die Faltkante legen und feststecken. Nahe den Reißverschlusszähnen (knappkantig) feststeppen. Neben der ersten Naht (Abstand 6 mm) eine zweite Naht steppen (Skizze B).

5 Das größere gefaltete Stoffrechteck auf die rechte Seite des Reißverschlusses legen und genau am linken Faltteil ausrichten. Mit Stecknadeln feststecken und dicht neben den Zähnen absteppen. Anschließend eine parallele Steppnaht in 6 mm Abstand von der ersten anbringen (Skizze C).

Arbeiten Sie mit dem Reißverschlussfuß Ihrer Nähmaschine. Dabei den Reißverschluss öffnen, damit der Nähmaschinenfuß an Schieber und Schiebergriff ungehindert vorbeinähen kann.

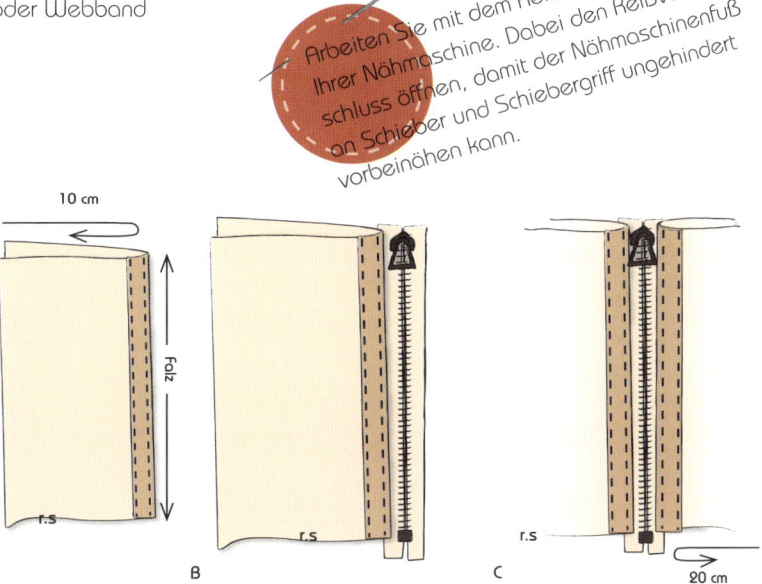

6 Die Reißverschlusstasche (siehe Grafik Seite 54) mit der Rückseite auf die linke, äußere Seite des Trägerstoffs legen. Dabei muss der Schieber mit Schiebergriff oben, also zugezogen, sein und die schmalere Seite der Tasche links liegen. Gerade ausrichten und feststecken. Mit einer Litze oder einem Webband die rechte Taschenkante auf den Trägerstoff steppen.

7 Für die mittlere Tasche (siehe Grafik Seite 54)

den gepunkteten Stoff auf die Hälfte falten und die Faltkante mit einer Borte oder einem Webband verzieren. Diese Tasche in drei Abschnitte mit den Maßen 8, 25 cm, 9 cm und 8,25 cm einteilen und markieren. Einen Abstand von 7,5 cm zwischen Reißverschlusstasche und der mittleren Tasche ausmessen und mit einer Stecknadel kennzeichnen. Die Faltkante der mittleren Tasche an die Markierung anlegen. Feststecken. Die Abteilungen bis auf den Trägerstoff durchsteppen. Die ungesäumten Kanten der mittleren Tasche mit einer Bordüre oder einem Webband versäubern und dem Thema entsprechend mit Zierrat versehen.

8 Für die Lineal- und Stifttasche (siehe Grafik Seite 54) einen Streifen Webband von 15 cm Länge

schneiden und mit Bordüren und kleinen herzförmigen Knöpfen verzieren. Den oberen Rand doppelt einschlagen und versäumen. Dieses Fach zwischen die beiden anderen Taschen auf den Trägerstoff legen und feststeppen (siehe Bild unten).

Der Stoff mit Leinenstruktur, der für diese Nährolle verwendet wurde, kann aus festen Geschirrtüchern, alten Stoffen und sogar aus alten Stickereien bestehen.

9 Die längliche Herzform (Schablone Seite 112) auf eine dünne, nicht gesteppte Wattierung aufzeichnen. Ein Stück Stoff links auf links auf die Wattierung stecken, das etwas größer ist als die Herzform. Entlang der markierten Linie rundherum absteppen. Nahe an der Steppnaht ausschneiden. Einen Schlitz in die Wattierung schneiden und auf rechts wenden. Mit Leiterstichen aufnähen.

10 Ein 10 cm langes Stück Borte oder Webband abschneiden, auf die Hälfte falten und die Schnittkanten an das obere Ende des 7,5 breiten Abstandes zwischen der Kante der Nährolle und der Herzform stecken. Diese Schlaufe kann als Halterung für Schlüssel oder für einen hübschen Glücksbringer genutzt werden. Anschließend eine zweite Schlaufe für einen D-Ring arbeiten.

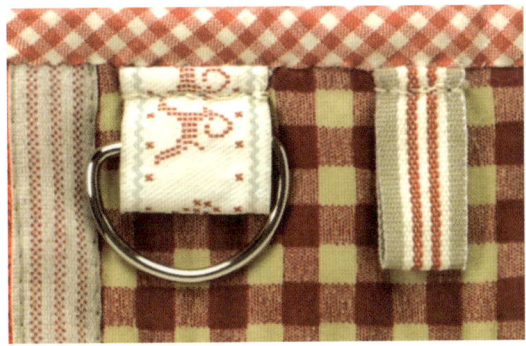

11 Um die Nährolle fertigzustellen, das Crazy Patchwork rechts auf rechts auf den Trägerstoff legen und die rechte Naht schließen. Die beiden Rechtecke aufklappen und die Nahtzugabe auf eine Seite bügeln. Das Patchwork-Stück wieder zurückschlagen und ebenfalls bügeln. Falls nötig die Kanten des Patchworks und des Futterstoffs angleichen. Die Schnittkanten zusammenstecken. Von der Innenseite 9 cm auf der rechten Seite einklappen, um eine letzte Tasche (siehe Grafik Seite 54) zu fertigen. Feststecken.

12 Die drei unversäumten Kanten der Nährolle mit einem 4,5 cm breiten Stoffband einfassen.

13 Eine 40,5 cm lange Borte oder ein Webband abschneiden und auf die Mitte der linken Kante der Nährolle auf der Patchworkseite aufnähen und einen großen Knopf darüber befestigen. Das andere Ende einfalten, sodass eine Schlaufe entsteht, und einen kleineren Knopf auf jede Seite nähen (siehe Bild links oben). Das Band wird um die Nährolle gewickelt und mit der Schlaufe um den Knopf befestigt.

14 Die fertige Nährolle mit einfachen aufgestickten Motiven sowie einzelnen Knöpfen oder anderem Zierrat dekorieren (siehe Bild links unten). Die rechte äußere Tasche mit einem großen Druckknopf verschließen.

Suchen Sie in Scrapbooking-beziehungsweise Bastel-Läden nach tollen Kurzwaren, wie zum Beispiel Spitzen, Paspeln, Zickzacklitzen und Borten.

15 Um einen dekorativen Schiebergriff aus Knöpfen für den Reißverschluss zu fertigen, fädelt man ein Stück Stickgarn durch das Loch des Griffs, reiht einige kleine Knöpfe oder Perlen auf und sichert sie am Ende mit einem festen Knoten (siehe Bild rechts oben).

16 Um die Nährolle persönlicher zu gestalten, werden entweder Stoffbuchstaben aufgenäht oder die Initialen des Beschenkten auf der Außen- oder Innenseite des fertigen Produkts aufgestickt (siehe Bild unten links und rechts).

Sie benötigen für das Nadelkissen …

- 20 x 20 cm Stoff (Hauptstoffart)
- 10 x 10 cm Stoff für eine kleine Tasche
- fünf unterschiedliche Litzen, Bänder oder Spitze von jeweils ungefähr 15 cm Länge
- Zickzacklitze oder Fertigpaspel für die Einfassung (50 cm lang, optional)
- Watte als Füllmaterial
- Borte oder Webband zur Verzierung der Tasche (25,5 cm lang)
- Borte oder Webband für die Schleife (25,5 cm lang)

1 Das Stoffquadrat diagonal in zwei Dreiecke schneiden. Den Taschenstoff auf die Hälfte falten und bügeln.

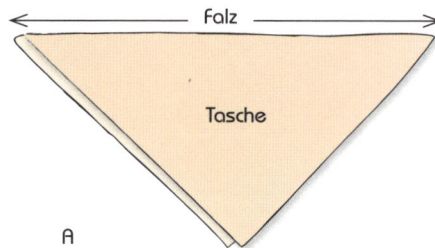

2 Eines der größeren Dreiecke in der Hauptstoffart auf der rechten Seite mit Bändern, Spitzenlitzen und Litzen verzieren; diese zuerst feststecken, um ein ansprechendes Muster zu kreieren. Anschließend festnähen.

3 Die obere Faltkante des Taschenstoff-Dreiecks mit einem der 25,5 cm langen Borten oder Webbänder dekorieren. Auf das unverzierte größere Dreieck legen und wie eine Tasche anheften. Die offene Einschubkante kann, je nach Wunsch, mit einer fertigen Paspel oder Zickzacklitze verziert werden (siehe Skizze B unten).

4 Die beiden Dreiecke rechts auf rechts aufeinander-legen und die Kanten mit einer Steppnaht schließen. Dabei eine 7,5 cm breite Öffnung lassen.

5 An jedem Ende der breiten Basis die seitliche Naht auf die obere Naht drücken (wie bei einer Zuckertüte) und 2,5 cm von der Ecke aus fest-nähen. Die Spitzen abschneiden.

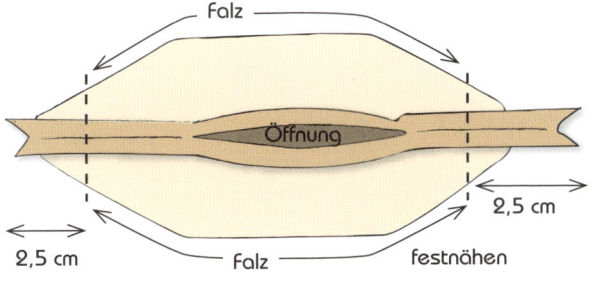

6 Auf rechts wenden und prall mit dem Füllmaterial ausstopfen – dabei die Spitzen auslassen. Die Öff-nung mit dem Leiterstich schließen. Beide Spitzen zueinander umfalten, aneinanderfügen und mit dem Leiterstich zusammennähen (siehe Bild unten).

7 Als Letztes die zweite 25,5 cm lange Borte oder das Webband um die mittige Henkelnaht des Her-zens mit einer Schleife binden, um die Naht zu ver-decken.

Alternativ das Nadelkissen statt mit Watte mit Sägespänen füllen und getrocknete Lavendelblüten, Duftkräuter oder Gewürze daruntermischen, damit es einen angenehmen Duft verströmt.

Techniken Näh-Grundausstattung S. 90 ... Nähen mit der Nähmaschine S. 95 ... Leiterstich S. 102

Kissen in Vollendung

Kissen mit Quilt-Effekt

Diese große Kissenhülle für ein 60 x 60 cm Kisseninlett besteht aus zusammengenähten, besonders weichen und kuscheligen Fleecestoff-Quadraten. Das Muster wird auf die Bezugsvorderseite aufgezeichnet und anschließend in dicht parallel verlaufenden Maschinensteppnähten nachgezeichnet, die wie gequiltet wirken. Das Endergebnis ist ein schönes und einladendes Kissen, in das man am Ende eines langen Tages sinken kann, um sich zu entspannen.

Geraden und Kreise bilden ein
schlichtes geometrisches Muster.

Sie benötigen ...

- 70 cm grauen
  Fleecestoff
  (140 cm breit)
- Zirkel
- 70 cm blassblauen
  Fleecestoff
  (90 cm breit)
- Nähgarn in
  passenden Farben
- 60 x 60 cm
  Kisseninlett
- Sublimatstift

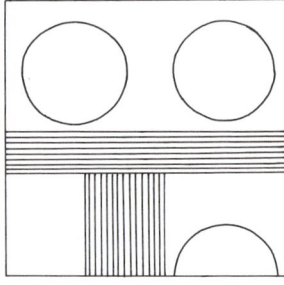

Quiltmuster

1 Für die Kissenvorderseite zwei 63 x 63 cm große Quadrate aus grauem Fleecestoff zuschneiden. Die Quadrate aneinanderstecken, wobei die Kanten und Ecken exakt aufeinander passen müssen.

2 Mit dem Zirkel einen Kreis mit einem Durchmesser von 20 cm auf dünnen Pappkarton aufzeichnen und ausschneiden. Nach dem oben gezeigten Quiltmuster den Kreis in die linke Ecke der Kissenvorderseite legen und mit einem selbstauflösenden Markierstift (Sublimatstift) umfahren. Den Vorgang in der rechten oberen Ecke des Kissens wiederholen.

3 Den ersten Kreis mit der Maschine und dem passenden Nähgarn entlang der markierten Linie absteppen (siehe Bild unten links). Hierfür einen langen, geraden Vorstich einstellen, damit sich das Material nicht kräuselt. Den Kreis vollenden. Anschließend den Nähfuß an die Steppnaht als Abstandshalter anlegen und erneut parallel einen zweiten Kreis steppen. Weiter im Kreis nach innen nähen, bis ein Spiralmuster entstanden ist. Den Vorgang beim zweiten Kreis rechts oben wiederholen.

4 2 cm unterhalb des Kreismusters beginnen und neun Geraden in stets gleichen Abständen aufzeichnen. Entlang dieser Linien steppen, bis ein gequiltetes Band über die Mitte des Kissens entstanden ist (siehe Bild unten rechts).

5 In einem Abstand von 20 cm von der linken Außenkante 15 kürzere Geraden in regelmäßigen Abständen und im rechten Winkel zum gequilteten Band aufzeichnen und absteppen.

6 Die Kreisschablone mit der oberen Hälfte in die rechte untere Ecke des Kissens legen (siehe Bild unten). Einen Halbkreis umfahren und wie zuvor konzentrische Kreise aufsteppen.

7 Für die Kissenrückseite zwei Rechtecke der Maße 63 x 40 cm

aus dem blassblauen Fleecestoff zuschneiden. Eine lange Kante von jedem Stück umschlagen und einen 1,5 cm breiten Saum umstecken und mit passendem Nähgarn absteppen.

8 Eine Hälfte der Kissenrückseite rechts auf rechts auf die Vorderseite stecken. Anschließend die zweite Hälfte von der gegenüberliegenden Seite so feststecken, dass diese in der Mitte überlappt und eine Einschuböffnung entsteht. Die Rückseiten mit einer Nahtzugabe von 1,5 cm an die Vorderseite steppen (siehe Bild unten links).

9 Die Nahtzugabe an den Kissenecken diagonal knapp über der Naht einkürzen (siehe Bild unten rechts). Die Nähte ebenfalls einkürzen, um flache Kanten zu erzielen. Das Kissen wenden. Wenn nötig mit einer Sicherheitsnadel die Ecken ausstülpen. Zuletzt das Kisseninlett durch die Öffnung einstecken.

Frei wie ein Vogel

Dieses kuschelige und doch stilvolle Kissen zeigt ein auffallendes Applikations-design aus floral gemusterten Stoffen auf leuchtend orangerotem Wollfilz. Zur Arbeitserleichterung und für ein schnelles Gelingen werden die Motive mithilfe von Haftvlies auf den Kissenbezug aufgebracht. Eine goldene Fransenborte, Perlen und Pailletten verleihen dem Motiv besondere Strahlkraft.

Dieses stilisierte Taubenmotiv gewinnt durch die unterschiedlich gemusterten Stoffe von Vogelkörper und Flügeln Dynamik. Als Hintergrund für die Taube wurde ein einfarbiger Seidenstoff und als Umrandung ein gemustertes Material in unterschiedlicher Tönung gewählt, wodurch sich ein dekorativer Kontrast ergibt. Die juwelengleich schimmernden Pailletten reflektieren das Licht und zierliche Rocailles-Perlen erhöhen die Oberflächenwirkung.

Sie benötigen ...

- 50 x 50 cm Wollfilz
- 50 x 50 cm doppelseitiges Haftvlies
- Zirkel
- vier 25 x 25 cm große, unterschiedlich gemusterte Stoffabschnitte
- Selbstauflösender Markierstift (Sublimatstift)
- 25 x 25 cm Seidenstoff
- 14 Pailletten
- 14 Rocailles-Perlen
- 1,8 m Goldfransenborte
- Nähgarne in den passenden Farben für Pailletten, Rocailles-Perlen und Fransenborte
- 40 x 40 cm großes Kisseninlett

1 Mit einem selbstauflösenden Markierstift (Sublimatstift) ein Quadrat der Maße 40 x 40 cm auf den Wollfilz für die Kissenvorderseite aufzeichnen. Für die Rückenteile ein Rechteck von 40 x 27 cm und eines von 40 x 32 cm aufzeichnen.

2 Mit heißem Bügeleisen das Vliesofix auf die Rückseite sämtliche Stoffteile und den Seidenstoff aufbügeln.

3 Mithilfe der Schablonen von Seite 117 ein Blütenblatt und ein Laubblatt aus dünnem Papier oder Pauspapier ausschneiden. Den Vogelkörper ohne Rücken- und Vorderflügel ebenfalls ausschneiden. Anschließend als zwei unterschiedliche Schablonen Rücken- und Vorderflügel ausschneiden.

Sie können alte Decken einfärben, um die exakte Farbtönung zu erzielen, die Sie sich für Ihr Kissen vorstellen.

4 Die Blütenblatt-Schablone auf einen der gemusterten Stoffe stecken und sorgfältig ausschneiden. Insgesamt 14 Blütenblätter herausarbeiten (siehe Bild rechts). Ferner 14 Laubblätter aus einem anders gemusterten Stoff ausschneiden.

5 Die Taubenkörperschablone auf einen wiederum unterschiedlich gemusterten Stoff auflegen und das Motiv sorgfältig ausschneiden. Dabei sollte die Schnittlinie so dicht wie möglich am Rand der Schablone liegen. Den rückwärtigen und den vorderen Flügel aus einem anderen gemusterten Stoffmaterial herausarbeiten. Das Haftvlies auf die Rückseite des Seidenstoffs aufbringen. Mit einem Zirkel einen Kreis von 18 cm Durchmesser auf die Rückseite des Seidenstoffs aufzeichnen und ausschneiden.

Wählen Sie gemusterte Stoffe in demselben, mit der Farbe des Wollfilzes kontrastierenden Grundton, damit sich das Applikationsmotiv deutlich vom Hintergrund abhebt.

6 Schutzfolie von dem Haftvlies auf der Rückseite der Taube abziehen und diese mittig in den Kreis aus Seidenstoff legen. Mit heißem Bügeleisen aufbügeln. Die Flügel der Taube auf dieselbe Weise anfügen (siehe Bild links).

Techniken Näh-Grundausstattung S. 90 ... Verwendung von Haftvlies (Vliesofix) S. 105 ... Pailletten aufnähen S. 109 ... Perlen aufnähen S. 108 ... Nähen mit der Nähmaschine S. 95 ... **Schablonen** Taube S. 117 ... Blütenblatt S. 117 ... Laubblatt S. 117

7 Die Schutzfolie vom Kreis aus Seide abnehmen und mittig auf die Kissenvorderseite platzieren. Mit dem heißen Bügeleisen fixieren. Die Blütenblätter so um den Seidenkreis auslegen, dass Sie sich an den unteren Ecken berühren, und aufbügeln. Die Laubblätter in die Zwischenräume zwischen die Blütenblätter ordnen. Ein Blatt nach dem anderen fixieren.

8 Mit einem selbstauflösenden Markierstift (Sublimatstift) wahllos 14 Punkte auf dem Seidenuntergrund markieren. Ein in der Farbe passendes Nähgarn in eine Nadel einfädeln und jeweils eine Paillette auf jeden markierten Punkt aufnähen (siehe Bild unten links). Den Faden gut und unsichtbar vernähen.

9 Je eine Rocaille-Perle an die Spitze jedes Blütenblattes nähen. Faden gut verknoten.

Weist eine Paillette kein Loch in der Mitte auf, einen Nagel auf die Paillettenmitte aufsetzen und leicht mit einem Hammer daraufschlagen.

10 Auf die rechte Stoffseite die Fransenborte sorgfältig rundherum an die Kanten des Filzstoffs stecken, wobei die Fransen nach innen auf den Filz umgelegt werden. Vorsichtig und langsam mit der Maschine feststeppen. Besonders sauber arbeiten (siehe Bild rechts außen).

11 Je eine lange Kante eines jeden Rückteils um 2 cm einschlagen, feststecken und absteppen.

12 Das kleinere Rückteil rechts auf rechts auf die Vorderseite legen und das größere Rückteil ebenfalls rechts auf rechts so anlegen, dass es um 15 cm entlang der gesäumten Kanten über das kleinere Teil lappt und an den Außenkanten exakt anliegt. Die Lagen zusammenstecken (siehe Bild links außen) und anschließend mit einer Nahtzugabe von 6 mm rundherum absteppen. Dabei darauf achten, dass die Fransenborte ordentlich zwischen Vorder- und Rückteil nach innen zeigt, damit die Fransen nicht in die Naht geraten.

13 Den Kissenbezug auf rechts wenden und das Kisseninlett durch die Umschlagöffnung stecken.

Kissenpracht

Auf dem Sofa, im Lieblingssessel oder auf einem Bett drapiert sind Kissen besonders dekorative Farbtupfer – wie diese exquisiten Beispiele aus farbenprächtiger Dupionseide beweisen. Eher länglich und schmaler in der Form als die Standardkissenform, sind sie die perfekte Rücken- oder Armstütze beim gemütlichen Lesen.

Ein zauberhaftes Perlenband ziert die Vorderseite dieses Kissens. Dieselbe Wirkung kann auch mit einer aus Metallfäden gewebten breiten Borte erzielt werden. Zwei alternative Farbkombinationen sind auf Seite 79 abgebildet.

Sie benötigen für jedes Kissen ...

- Webband von 28 cm Länge und 4 cm Breite
- doppelseitiges Haftvlies (Vliesofix)
- 50 cm Dupionseide
- Band aus Perlenstickerei (oder Webborte) der Maße 7,5 x 25 cm
- Nähgarn in passenden Farben
- Kisseninlett 30 x 40 cm

Ist die Seide im Vergleich zum Perlenband zu leicht und dünn, kann sie einfach mit einer Einlage hinterfüttert werden.

1 Das lineare Webband in der Mitte durchschneiden. Zwei Streifen Haftvlies abschneiden und auf die Rückseite der beiden Bandstreifen aufbügeln.

2 Ein 28 x 46 cm großes Stück Seide zuschneiden und der Länge nach auf die Hälfte falten, um die Mittellinie zu markieren. Die Seide wieder auseinanderfalten und die beiden Streifen des Webbandes zu beiden Seiten der Mittelfalz in einem Abstand von 4 cm auf die Seide aufstecken (siehe Bild unten).

3 Das Band aus Perlenstickerei zwischen die beiden dekorativen Webbänder mittig auf die Seide stecken. Die Blende mit passender Nähseide von Hand mit Stichen im Abstand von jeweils zwei oder drei Perlen auf der Kissenvorderseite befestigen.

4 Für die Kissenrückseite zwei schmale Stücke von 25 x 28 cm aus der Seide zuschneiden. Die lange Kante jeweils doppelt um 1,5 cm einschlagen, den Saum bügeln und mit der Maschine absteppen. Das Kissen mit der rechten Seite nach oben legen. Die Rückteile an jede Seite rechts auf rechts feststecken, sodass sie mittig überlappen (siehe Bild unten).

5 Mit einem Reißverschlussfuß entlang der Kanten des Kissenbezugs und über die schmalen Ränder der Perlenblende steppen.

6 Die Ecken diagonal einkürzen, auf rechts wenden und bügeln. Das Kisseninlett durch die Umschlagöffnung einschieben.

Warum nicht einen wahren Farbenreigen mit Kissen herstellen? Hier sind zwei Versionen aus leuchtend pinkfarbener und limonengrüner Seide zu sehen.

Techniken Näh-Grundausstattung S. 90 … Verwendung von Haftvlies S. 105… Nähen mit der Nähmaschine S. 95

Kinderträume

Dieses märchenhafte Kissen entzückt Mädchen jeden Alters. Für die Jungen gibt es eine Piratenversion (siehe Seite 86). Die schlichte Patchworkumrandung ist eine gute Gelegenheit, Stoffreste sowie geliebte ausgediente Baby- und Kinderkleidung zu neuer Bestimmung zu verhelfen. Hier haben wir uns für eine Kombination aus hübschen, floral gemusterten Baumwollstoffen entschieden. Der Rand wurde allerdings möglichst schmal gehalten, um eine dominante Wirkung gegenüber der Applikation zu vermeiden.

Die Feenapplikation wurde aus einer bestickten Bluse (Kleid) und Goldlamé (Flügel) gefertigt. Die duftigen Stoffe heben sich stilvoll vom Hintergrund aus einfachem Leinenstoff ab. Von Hand aufgestickte Sterne umgeben die figur wirkungsvoll.

Sie benötigen ...

-  12 Quadrate der Maße 17 x 17 cm in unterschiedlich floral gemusterten Baumwollstoffen
- 32 x 32 cm naturfarbenes, schlichtes Leinen für das Mittelstück
- bestickten Stoff für das Feen-Kleid
- braunen Stoff für das Haar der fee
- hautfarbene Stoffreste für Gesicht, Füße und Arme der fee
- Goldlamé-Stoff für die Flügel der fee
- 62 x 62 cm Polyester-wattierung
- 1 m Nesselstoff (140 cm breit) als Trägerstoff (oder ähnliches Material)

- 3 Metallknöpfe zum Beziehen (2,5 cm Durchmesser)
- bestickte Tischdecke oder Leinen für die Kissenrückseite
- 60 x 60 cm großes Kisseninlett
- doppelseitiges Haftvlies (Vliesofix)
- Textil-Sprühkleber
- Näh- und Stickgarne in passenden Farben

1 Die Quadrate der floral gemusterten Stoffe um das Leinenviereck gruppieren. Ich beginne meistens mit dem oberen linken Quadrat als Nummer 1 und arbeite dann im Uhrzeigersinn weiter. Mit Schneiderkreide nummeriere ich dabei alle Quadrate von 1 bis 12 auf der Rückseite durch.

2 Mit einer Nahtzugabe von 1 cm Block 2 an 3 und 9 an 8 rechts auf rechts zusammennähen. Die Nähte rechts auf rechts aufbügeln und die Stücke 2/3 an die Oberkante des Mittelstücks und 9/8 an die Unterkante nähen. Sämtliche Säume aufbügeln.

3 Jetzt die Seitenstreifen zusammennähen: 1, 12, 11, 10, und 4, 5, 6, 7. Sämtliche Nähte aufbügeln. Anschließend das Patchwork rechts auf rechts an das Mittelstück und um die Ecken zusammenstecken. Nähen, bügeln und auf rechts wenden.

Arrangieren Sie die Patchworkteile so lange, bis ein für Sie perfektes Muster entsteht.

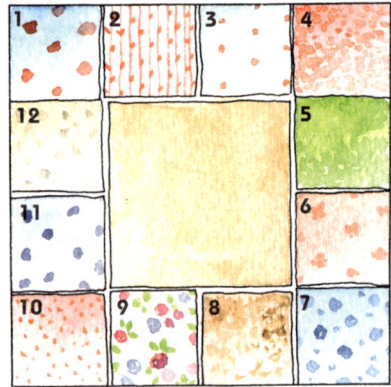

4 Die Einzelteile der Feenschablone von Seite 118 auf Haftvlies übertragen. Auf die Rückseite der Stoffe aufbringen und ausschneiden. Die Schutzfolie abziehen und in der Mitte des Mittelstücks zusammensetzen.

Falls das Aufnähen der Applikation mit der Maschine zu schwierig erscheint, die Fee von Hand aufnähen.

5 Sorgfältig die Applikation mit der Maschine dicht am Rand und mit passendem Nähgarn aufsteppen. Das Haar, Kleid und die Flügel mit Zickzackstich umranden und verzieren. Mit Knötchenstich Augen und Nase aufsticken.

Die Fee als Ganzes auf Nessel aufbringen und ausschneiden. Dies als Unterlage nutzen, um die übrigen kleineren Teile der Applikation einzufügen.

Techniken Näh-Grundausstattung S. 90 … Verwendung von Haftvlies (Vliesofix) S. 105 … Nähen mit der Nähmaschine S. 95 … Mit der Maschine applizieren S. 106 … Knötchenstich S. 104 … Vorstich S. 102 … Sternstich S. 104 … Knopfloch schneiden S. 109 … Knopfloch nähen S. 109 … **Schablonen** Fee S. 118

6 Nessel und Wattierung (als Unterlage) nach den Maßen 62 x 62 cm zuschneiden. Die Wattierung mit Textilkleber besprühen und zwischen Kissenvorderseite und Nesselfutter legen. Mit kleinen Vorstichen um die äußeren Kanten mit einer Nahtzugabe von 1 cm fixieren.

7 Mit Stickgarn in einer kontrastierenden Farbe 2 cm neben der Außenkante des Mittelstücks mit einfachen, geraden Vorstichen eine Ziernaht von Hand rundherum nähen. Anschließend die Sterne mit Sternenstichen in unterschiedlichen Farben aufsticken (siehe Bild unten).

8 Jetzt die Kissenrückseite arbeiten. Aus dem Stoff für die Rückseite einen überlappenden und einen unterliegenden Teil jeweils der Maße 62 x 42 cm zuschneiden. Aus dem Nessel-Futterstoff ebenfalls ein überlappendes Teil von 62 x 27 cm und ein unterliegendes Teil von 62 x 42 cm zuschneiden. Rechts auf rechts und mit einer Nahtzugabe von 1 cm den unterliegenden Rückenteil für den Einschub an das unterliegende Futter des Rückenteils entlang der langen Kante zusammennähen. Den Vorgang mit den überlappenden Teilen wiederholen. Bügeln und wenden.

9 Drei Stellen für die Knöpfe auf dem überlappenden Teil markieren: je eine ungefähr 10 cm von der seitlichen Kante und eine in der Mitte. Die Knopfabstände sollten ungefähr 16 cm betragen. Knopflöcher schneiden und nähen.

10 Um das Kissen zusammenzunähen, die Kissenfront mit der rechten Seite nach oben legen. Den Überschlag (mit den Knopflöchern) rechts auf rechts darüber platzieren und die unversäuberten Kanten an den oberen Saum stecken. Dann den unterliegenden Teil (ohne Knopflöcher) rechts auf rechts darübergeben und die unversäuberten Kanten an den unteren Saum stecken. Damit liegen alle Teile rechts auf rechts. Die Seitenkanten ebenfalls aufeinanderstecken und rundherum mit einer Nahtzugabe von 1 cm absteppen.

11 Ecken des Kissenbezugs diagonal einkürzen, durch den Umschlag auf rechts wenden und ein letztes Mal bügeln. Das Kisseninlett einstecken.

12 Für die Stoffknöpfe drei Kreisformen mit einem Durchmesser von 6 cm aus dem Stoff des Rückteils zuschneiden. Das Oberteil des zweiteiligen Metall-knopfs mit der Oberfläche mittig auf die Stoffrück-seite legen. Mithilfe einer spitzen Stickschere den Stoff in die Zähne auf der Knopfunterseite klemmen. Das Unterteil wieder darüberklicken (siehe Skizze unten).

Es ist ratsam, die Nähte an den Seiten des Kissenrückens dort zu verstärken, wo die beiden Rückteile aufeinandertreffen, da diese besonders strapaziert werden.

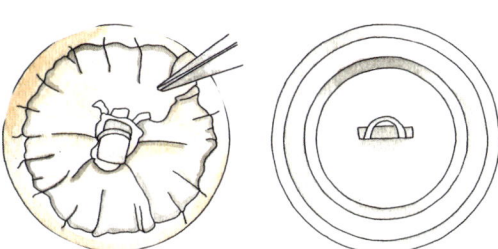

13 Die bezogenen Knöpfe an den unterliegenden Teil des Einschubs nähen.

Ein Teil einer zauberhaften, bestickten Leinentisch-decke wurde für die Kissenrückseite verwendet.

Piratenkissen

Die Piratenschablone auf Seite 118 verwenden, um ein alternatives Kissen für die Jungen in der Familie anzufertigen. Das Grundthema des Kissenbezugs ist die Seefahrt. Das drückt sich in der Patchworkkombination aus Rot-, Blau- und Grüntönen der für den Rand verwendeten unterschiedlichen Hemdenstoffe mit Karo- oder Streifenmuster aus. Die Kissenrückseite besteht aus Jeansresten.

Die Piratenfigur gewinnt durch einige sorgsam mit der Hand aufgenähte Details an Plastizität.

Die Goldknöpfe mit Ankersymbol auf dem Kissen setzen maritime Akzente.

Techniken

Näh-Grundausstattung

Jedes der in diesem Buch vorgestellten Projekte besteht aus einer Liste mit dem benötigten Material und Handwerkszeug. Die Näh-Grundausstattung beinhaltet allerdings zusätzlich jene Utensilien, die ganz allgemein für Näharbeiten von Nutzen sein könnten. Vor Beginn der Arbeit sollten Sie sich daher die Zeit nehmen, die in den Aufstellungen verzeichneten Dinge zu besorgen oder bereitzulegen.

Messzubehör

• **Lineal (1 S. 91)** zum Ausmessen oder Markieren und zur Schnittführung..

• **Maßband (2 S. 91)** als praktische Hilfe zum Abmessen von Maßangaben, für die das Lineal zu kurz ist.

Klebematerial

• **Textilkleber (3 S. 91)** ist schnell wirkend, einfach anzuwenden und besonders wichtig, um Gegenstände zu applizieren, die für das Annähen zu klein oder zu kompliziert sind, sowie zum Anbringen von Bändern und Borten, wo keine Nähte zu sehen sein sollen.

• **Temporäre Textil-Sprühkleber** sind nützliche Produkte, um Textilien nur vorübergehend und provisorisch zu befestigen.

• **Doppelseitiges Klebeband (4 S. 91)** ist ebenfalls für vorübergehende Befestigungen hilfreich.

• **Vliesofix** ist ein hauchdünnes, beidseitig selbstklebendes, aufbügelbares Haftvlies. Dieses Vlies ist als Rollenware oder in Abschnitten erhältlich. Es sieht wie Papier aus und wird benutzt, um Applikationsmotive aus Stoff auszuschneiden und aufzukleben. Damit die Ränder nicht ausfransen, sollte das Motiv mit Zickzackstichen eingefasst werden. Vliesofix ist waschbar bis zu 60 Grad.

Scheren

• **Schneider- oder Textilschere (5 S. 91)** zum Zuschneiden von Textilien.

• **Stickschere (6 S. 91)** mit schmalen, spitzen und scharfen Klingen, ideal für feine und komplizierte Hand- und Stickarbeiten.

• **Universalschere** zum Ausschneiden von Mustern und für sonstige allgemeine Arbeiten.

• **Zickzackschere** schneidet Zickzackkanten, die zur Säuberung von Säumen oder zur dekorativen Kantenverschönerung dienen.

Fäden & Garne

Qualitativ hochwertige Fäden oder Garne sind fest, elastisch und besitzen eine gleichmäßige Stärke. Nähfäden werden dabei hauptsächlich zum Nähen, dekorative Garne zum Sticken, Verzieren und Applizieren benutzt.

• **Nähfäden (7 S. 91)** sind für Patchworkarbeiten und für das Nähen von Hand oder mit der Maschine geeignet. Sie lassen sich gut schneiden und nähen und fasern kaum aus. Für die besten Ergeb-

nisse benutzt man einen Faden, der den Fasern des zu nähenden Stoffes entspricht und dieselbe Farbe oder eine dunklere Tönung besitzt. Für Aufgaben, die einen besonders festen Faden erfordern, sind für eine perfekte Naht Knopflochseide oder Nähgarn (auch unsichtbar) geeignet. Ein universell verwendbares Polyestergarn ist für die Maschinen- oder Handnaht ideal und in großer Farbauswahl erhältlich.

• **Stickgarne (8 S. 91)** gibt es in endlos vielen Farben, Varianten und Qualitäten. Dazu gehören in Strängen erhältlicher Sticktwist wie auf dem Foto Seite 91 zu sehen, weiche Baumwollgarne, Perlgarn, mercerisierte Baumwolle und Metallic-Effektgarne für Handstickereien und Maschinenstickerei.

Nadeln

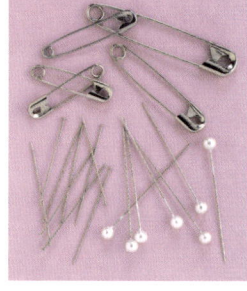

• **Glaskopfstecknadeln (9 S. 91)** halten vor dem Nähen die Einzelteile zusammen. Die bunten Glasköpfe sind auf Stoff leicht erkennbar.

• **Extrafeine Silberkopfstecknadeln** sind für besonders zarte Textilien geeignet.

• **Sicherheitsnadeln** sind für Durchzüge oder zum Zusammenheften von Stoffteilen nützlich (siehe auch Bild rechts).

Markierzubehör

• **Stifte zum Markieren von Stoff (Textilmarkierer) (10 S. 91)** oder Schneiderkreide sollte man immer

zur Hand haben. Beide lassen sich ausbürsten, sobald die Naht genäht ist.

• **Textilmarkierer (11 S. 91)** verschwinden entweder von selbst, lassen sich auswaschen, abreiben oder mit etwas Wasser löschen. Sie hinterlassen keine Flecken.

Bügelhilfen

• **Bügeleisen und Bügelbrett (12 S. 91)** – siehe auch Tipp unten.

• **Bügeltuch** muss nicht teuer gekauft werden – ein leichter Baumwollstoff oder feines Leinen genügt, die Textilien und die Gleitfläche des Bügeleisens zu schonen.

Nähmaschine

Für Näharbeiten aller Art genügt eine zuverlässige Nähmaschine mit Einstellungen für gerade Nähte und Zickzacknähte. Einige Grundstich- und Stickstricharten sind ebenfalls nützlich. Maschinell kann man wesentlich haltbarere Nähte nähen als mit der Hand. Außerdem geht es mit der Maschine natürlich schneller, sobald man sich mit ihrer Technik vertraut gemacht hat. Für weitergehende Informationen siehe „Nähen mit der Nähmaschine" auf Seite 95.

Tipp

Beim Bügeln das Bügeleisen nur leicht auf den Stoff drücken, hochheben und dann auf das nächste Stück setzen. Diese Art des Bügelns sollte nicht mit der normalen Bügelarbeit verwechselt werden. Es ist eher ein Glattpressen. Vor diesem Glattpressen sollten Nadeln und Heftfäden entfernt werden. Die Temperatureinstellung muss exakt der Qualität der Textilie angepasst sein.

Arbeitsvorbereitungen

Bevor die Arbeit an dem gewählten Projekt beginnt, gibt es einige Vorbereitungen, die erledigt werden müssen. Vor allem sollten die für diese Arbeit benötigten Schablonen ausgeschnitten, der Stoff bereitgelegt und die einzelnen Teile markiert sein. Das folgende Kapitel vermittelt einen Überblick über einige wesentliche Vorbereitungstechniken.

Vorbereitung der Muster

Informationen darüber, wo die jeweiligen zu benutzenden Schablonen abgebildet sind, finden sich in den Bandarolen für die erforderliche Technik für jedes Projekt. Schablonen sind auf den Seiten 110–118 zusammengefasst.

Die meisten davon sind in Originalgröße aufgezeichnet, doch müssen einige auf einem Fotokopierer wie angegeben vergrößert werden. Schablonen aus Papier können auf den Stoff gesteckt und entweder unmittelbar ausgeschnitten oder die Umrisslinien mit einem Textilmarkierer vor dem Ausschneiden übertragen werden.

Aufstecken von Mustern

Glaskopfstecknadeln eignen sich für fast jede Stoffart. Seide und dünne Baumwolle sollten mit extrafeinen Silberkopfstecknadeln fixiert werden, die keine Löcher im Stoff hinterlassen. Zuerst die geraden Linien in der Faserrichtung stecken und anschließend dann die Musterformen, wobei die Nadeln an Ecken und Rundungen diagonal und an Spitzen oder Geraden vertikal zu den Kanten gesteckt werden.

Markieren von Textilien

Es gibt zwei Methoden, um Formen und Umrisse vor dem Nähen auf den Stoff zu übertragen:

Sublimatstifte (selbstlöschend)

Sämtliche mit einem Sublimatstift aufgezeichneten Markierungen verschwinden von selbst oder mit etwas Wasser. Nutzen Sie diese Stifte, um die Nahtlinien vorzuzeichnen. Ist die Naht genäht, benetzen Sie den Finger mit Wasser und wischen Sie damit die Markierungen aus.

Textilmarkierer oder Schneiderkreide

Markierungen mit einem Textilstift oder mit Schneiderkreide lassen sich nach dem Auftrag problemlos ausbürsten oder wegwischen. Zeichnen Sie die Linie oder das Muster mit dem Stift nach und achten Sie beim Nähen darauf, die Markierung nicht zu verwischen. Sind die Nähte komplett, die Markierungen vom Stoff reiben.

Vorbereitung des Stoffes

Bereiten Sie den Stoff vor, indem Sie ihn in einer milden Waschlauge vorwaschen und prüfen, ob die Farben auslaufen oder das Gewebe eingeht. Benutzen Sie ein Baumwollfutter oder eine Zwischenschicht aus Baumwolle, sollten auch diese vorgewaschen werden. Bei empfindlichen, zarten Textilien wie Seide und Wolle, die nicht gewaschen werden können, erzielt man auf schonende Weise denselben Effekt, indem man ein Dampfbügeleisen in einer Höhe von 3–4 cm über den Stoff hält. Danach sollte das Gewebe nicht weiter einlaufen. Falls der Stoff nach dem Waschen seine Form verliert, noch in feuchtem Zustand mit etwas Sprühstärke bügeln – aber Vorsicht: Zu viel Stärke hinterlässt weiße Flecken auf dunklem Gewebe.

Zuschnitt

Beim Zuschneiden ist es immer wichtig, auf einer sauberen, großen und ebenen Fläche zu arbeiten. Schneiden Sie in Richtung des Fadenlaufs oder falls der Stoff Streifen- oder Karomuster hat, in Richtung des Musters. In jedem Fall die Schere beim Zuschneiden von sich weg halten.

Scheren

Vergewissern Sie sich, dass die Klingen Ihrer Scheren scharf sind. Für saubere Schnittkanten legt man den Stoff auf die linke Seite der Schere (oder auf die rechte, falls Sie Linkshänderin sind) und schneidet entlang der markierten Linie – mit langen Schnitten an den geraden Kanten und kleinen Schnitten an geschwungenen Linien.

Verwendung von Rollschneidern

Der Rollschneider verfügt über eine äußerst scharfe Klinge und eignet sich ideal für den Zuschnitt von Stoff in Streifen oder Quadraten. Als Unterlage dient am besten eine Schneidematte.

1 Lineal fest auf den Stoff drücken und Unebenheiten oder Falten glatt streichen.

2 Schneidematte um 180 ° drehen und das Lineal an der entsprechenden Markierung ausrichten – z.B. an 6,5 cm wenn 5 cm das eigentlich erforderliche Schnittmaß ist (die Nahtzugabe beim Zusammennähen der Quadrate eingerechnet). Den Rollschneider an das Lineal anlegen und entlang der Kante schneiden.

Nähen mit der Nähmaschine

Auch wenn die meisten Näharbeiten in diesem Buch mit der Hand erledigt werden können, verhilft die Nähmaschine doch zu haltbareren und festeren Nähten in wesentlich kürzerer Zeit. Die Investition in eine Nähmaschine lohnt sich, sollen Sie entschlossen sein, in der Zukunft mehr Näharbeiten zu erledigen.

Vorbereitungen an der Nähmaschine

Nehmen Sie sich Zeit, die Gebrauchsanleitung Ihrer Nähmaschine gründlich durchzulesen und sich mit den unterschiedlichen Maschinenteilen vor Beginn der Näharbeiten vertraut zu machen.

Tipp Es ist stets ratsam, eine Nähprobe auf einem kleinen Stück des gewählten Stoffs vor Beginn der Arbeiten durchzuführen.

Unterschiedliche Nähfüße

Der Nähfuß hält den Stoff während des Nähens fest auf der Stichplatte. Es ist sehr wichtig, den korrekten Nähfuß für die jeweilige Stichart einzusetzen. Danach sollte als Erstes die Fadenspannung an einem Stück Probestoff getestet werden. Nachfolgend einige nützliche Nähfüße:

• **Standardnähfuß (A)** allgemein für Nähte mit Nutzstichen, Applikationen und Zickzackstichen auf normalen Textilien.

• **Reißverschlussfuß (B)** ein schmalerer Nähfuß für das Einnähen von Reißverschlüssen, Paspeln, Biesen und Durchzügen. Hierbei kann die Nadelposition von ganz links bis ganz rechts eingestellt werden.

• **Klarsichtfuß (C)** dieser ist wichtig für komplizierte Arbeiten, da er einen weiten Blickwinkel auf die Stiche erlaubt. Besonders ideal für Zierstiche oder dickes Stoffmaterial und Applikationen.

Nähmaschinen-Nadeln

Stets die geeigneten Nadeln für die jeweiligen Näharbeiten benutzen und diese häufig wechseln — umgehend bei Nadelbruch oder Verbiegen. Beliebte Nadelgrößen sind:

• **Größe 9/70 oder 11/80** für besonders feine Textilien wie Seide, Batist, Chiffon **(a)**

• **Größe 16/100** oder **Ledernadel Typ 2032** für Leder **(b)**

• **Größe 14/90 und 16/100** für Jeansstoffe, Segeltuch, schweres Leinen **(c)**

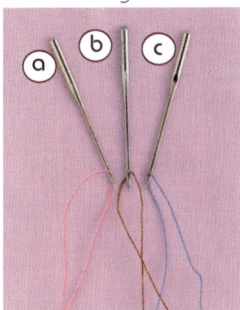

A

B

C

Vorbereitung – Maschinennähen

Vor Nähbeginn ist es ratsam, sich alles Notwendige bereitzulegen. Stecken und Heften sind schnelle und nützliche Methoden, den Stoff für eine gleichmäßige und schöne Naht vorzubereiten.

Heften

Der Heftstich (ein langer Vorstich) wird zum temporären Fixieren von Stoff verwendet. Das Zusammenheften von Stoffteilen garantiert, dass beim Nähen nichts verrutscht und alles an der gewünschten Stelle bleibt. Anschließend kann man den unvernähten und unverknoteten Heftfaden mithilfe einer Nadel oder einem Nahttrenner einfach wieder herausziehen. Mit einem dünnen Heftfaden und großen Stichen ist die Arbeit schnell getan.

Stecken

Möchte man zwei Stoffteile ohne vorheriges Heften zusammenhalten, ist dies eine schnelle und unkomplizierte Methode. Man legt hierzu beide Stoffteile Kante an Kante aufeinander. Dann steckt man die Nadeln im rechten Winkel zu den Stoffkanten in kurzen Abständen nacheinander ein. Anschließend langsam und vorsichtig über die Stecknadeln nähen – die Nähmaschinennadel schlüpft dann über die Stecknadeln, ohne zu verbiegen. Ist die Naht genäht, zieht man die Nadeln wieder heraus.

Maschinensticharten

Je nach Maschinentyp steht eine Reihe von Sticharten zur Auswahl, die eingestellt werden können. Nachfolgend eine Reihe von Hauptsticharten, die für die Projekte in diesem Buch benutzt werden sollten.

Geradstich oder Steppstich (A)

Der Geradstich ist der einfachste Stich. Er ist auf jeder Maschine verfügbar und wird am häufigsten für Nähte zum Zusammenfügen zweier Stoffteile, für das Säumen, Absteppen und Unternähen verwendet. Bei normalem Stoff wählt man eine Stichlänge von 3 mm, um eine saubere, gleichmäßige Naht zu erzielen. Für dünne Textilien sind kleinere Stichlängen geeignet. Mit größeren Stichlängen wiederum näht man dickere Stoffe.

Tipp Näht eine Maschine unterschiedliche Stichlängen, stimmt möglicherweise etwas mit der Nadel nicht. Es kann sein, dass die Nadel für den entsprechenden Stoff nicht geeignet, sie möglicherweise stumpf, nicht korrekt eingesetzt oder nicht richtig befestigt ist.

Zickzackstich (B)

Der Zickzackstich ist vielseitig verwendbar. Er wird zum Versäubern von Säumen und Kanten, als dekorative Kanteneinfassung und zum Aufnähen von Applikationen verwendet. Sollen Säume versäubert werden, stellt man die Überstichbreite auf 2 mm und die Stichlänge auf 2 mm ein. Bei Applikationen hat sich (vor allem bei dünnerem Material) eine Überstichbreite von ebenfalls 2 mm und eine Länge zwischen 0,5 und 1 mm bewährt.

Unternähen (C)

Mit dieser Methode wird verhindert, dass sich Blenden, Besatz und Futter nach dem Zusammennähen aufrollen und damit von der Vorderseite zu sehen sind. Nahtzugaben auf 3 mm einkürzen. Die Naht auf die Seite bügeln, auf der die Unternaht

angebracht werden soll. Anschließend von der rechten Stoffseite aus mit Geradstich knappkantig an der umgebügelten Naht steppen. Die Naht kann dann wieder aufgebügelt werden und liegt nun flach und von der Vorderseite unsichtbar an.

Absteppen (D)

Absteppen bedeutet mit Geradstichen von 3 mm Länge von rechts an Kanten, Säumen oder Nähten entlang zu steppen, um diese entweder zu verstärken oder dekorativ hervorzuheben. Hierfür den Nähfuß auf die Saumkante absenken und diese als Führung für die gerade Steppnaht nutzen.

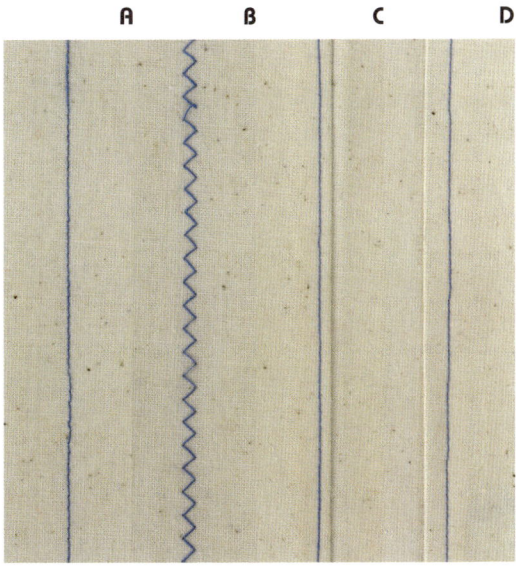

Platt- oder Raupenstich

Dieser Stich ist ein Zickzackstich mit einer Stichlänge unter 1 mm. Man benutzt ihn,
um Stoffteile zu applizieren,
für Knopflöcher sowie dekora-
tive Effekte. Vor dem Nähen prüfen, ob die
Überstichbreite für den Stoff geeignet ist, denn bei
dieser Stichart zieht sich der Stoff gern zusammen,
wenn die Stiche zu breit sind. Je schneller genäht
wird, desto gleichmäßiger wird der Stich.

Nähen mit der Maschine

Bei den folgenden Grundtechniken arbeitet man
normalerweise mit einer Nahtzugabe von 1,5 cm.
Dieses Maß kann jedoch jedem Projekt entsprechend vergrößert oder verkleinert werden.

Naht mit der Maschine nähen

Eine der wichtigsten Tätigkeiten bei Näharbeiten
ist das Nähen einer Naht.

1 Den Stoff entlang der Nahtlinie rechts auf rechts
zusammenheften oder -stecken.

2 Die beiden Stoffteile so unter den Nähfuß legen,
dass die Nahtkante an der 1,5-cm-Marke auf der
Stichplatte und der Stoff 5 mm hinter der Nadel
liegt. Den Nähfuß absenken. Dann mit dem Handrad die Nadel in den Stoff führen und zu nähen
beginnen.

3 Mit kontrollierter Geschwindigkeit nähen und dabei den Stoff entlang der linearen Markierung auf
der Stichplatte führen.

Versäubern von Nähten

Fertige Nähte können auf unterschiedliche Art versäubert werden, um ein Ausfransen oder ein Aus-
leiern der Schnittkanten zu verhindern. Dazu werden die Nahtzugaben in den meisten Fällen erst
eingekürzt, damit die Naht später nicht zu dick auf-
trägt. Die gängigste und schnellste Methode beim
Versäubern ist das Einfassen mit dem Zickzackstich.
Probieren Sie dabei unterschiedliche Stichlängen
aus, um zu sehen, welche für den jeweiligen Stoff
auch optisch am geeignetsten ist. Im Allgemeinen
sollte der Zickzackstich so dicht und schmal wie
möglich ausfallen. Die Nahtzugabe auf 6 mm einkürzen und beide Schnittkanten mit Zickzackstich zusammen einfassen (siehe Bild unten).

Außen- und Innenecken nähen

Dies gehört zu den Grundkenntnissen, die wichtig werden, wenn nach einer Seite auch die anschließenden Kanten mit einer Naht geschlossen werden müssen.

1 Die erste gerade Naht mit der üblichen Nahtzugabe von 1,5 cm und normaler Stichlänge nähen. Kurz vor der Ecke einen kürzeren Stich einstellen. Bis zur Ecke weiternähen.

2 An der Ecke die Nadelspitze mit dem Handrad in den Stoff senken, den Nähfuß heben, den Stoff in die neue Nahtrichtung wenden, sodass die Schnittkante wieder parallel zur Führungsmarkierung auf der Stichplatte ausgerichtet ist.

3 Den Nähfuß absenken, weitersteppen und nach 2 cm die normale Stichlänge einstellen.

Rundungen nähen

Das Nähen von Rundungen ist besonders bei Applikationen mit geschwungenen Formen gefragt.

• **Bei weiter Kurvenführung** langsam nähen und die Außenkante des Nähfußes an der Stoffkante entlangführen.

• **Bei enger Kurvenführung** vor Beginn der Rundung anhalten und den Stoff in die Rundung drehen. Regelmäßig nach wenigen Stichen immer wieder anhalten, um die Linienführung nach Augenmaß zu korrigieren.

Einnähen eines Reißverschlusses

Natürlich ist es möglich, einen Reißverschluss auch von Hand einzunähen, doch mit der Maschine werden die Nähte fester und strapazierfähiger. Außerdem sitzt der Reißverschluss meistens besser. Für ein gutes Gelingen sollte man einen Nähfuß benutzen, mit dem man so nahe wie möglich entlang der Reißverschlusszähne nähen kann (Reißverschlussfuß). Dennoch darf nicht über die Zähne genäht werden, da sonst die Nadel abbricht. Den Reißverschluss mit einer Nahtzugabe von 1,5 cm einheften. Die erste Stoffkante um 1,5 cm einschlagen und auf den Reißverschluss stecken. Die umgeschlagene Kante sollte so nahe wie möglich an die Reißverschlusszähne heranreichen, ohne jedoch beim Öffnen oder Schließen in den Reißverschluss geraten zu können. Mit der Maschine ungefähr 3 mm neben der Faltkante (also knappkantig) absteppen. Anschließend das Stoffgegenstück auf dieselbe Art und Weise ansteppen.

Tipp Die Maschine vor dem Schieber mit der Nadelspitze im Stoff anhalten. Den Reißverschluss entlang der genähten Naht öffnen und weitersteppen.

Verwendung von Schrägbändern

Schrägbänder werden besonders beim Quilten oder Abfüttern von Taschen zur Einfassung von unversäuberten Nahtkanten verwendet. Das Schrägband wurde aus einem Stoff im schrägen Fadenverlauf zugeschnitten, um die Elastizität des Materials zu garantieren. Sie sind im Handel in unterschiedlichen Breiten erhältlich, können jedoch auch selbst zugeschnitten werden. Am besten verwendet man ein Material ähnlicher oder leichterer Webart als die Hauptstoffart.

1 Für den Zuschnitt eines Schrägbandes sollte das Stoffmaterial an einer Ecke einen rechten Winkel

aufweisen. Dort zeichnet man ein Quadrat ein, verbindet zwei Ecken zu einer Diagonale und verlängert diese mit einem Lineal. Entlang dieser im 45-Grad-Winkel zum Gewebe verlaufenden Linie schneidet man Bänder mit identischer Breite zu. Um die gewünschte Länge zu erreichen, näht man Bänder zusammen – d.h. man legt die schräg geschnittenen Enden der Bänder rechts auf rechts aufeinander und näht diese zusammen.

Überschüssige Nahtzugaben einkürzen und die Naht auseinanderbügeln. Die Kanten begradigen.

2 Das Schrägband längs ungefähr in der Mitte falten und bügeln, sodass ein sichtbarer Falz entsteht. Beide Schnittkanten sollten beim Feststecken oder Nähen sichtbar sein, damit Falten im unterliegenden Stoff sofort ausgeglichen werden können. Überhänge abschneiden.

3 Schrägband auseinanderfalten und rechts auf rechts an die Nahtzugabe stecken und steppen. Dabei knapp oberhalb der Umbruchkante und am Anfang und Ende 10 cm offen lassen und die Enden in einem 45-Grad-Winkel zusammennähen. Das Schrägband fertig annähen.

4 Das Band über die Kante legen und nach innen einschlagen. Von Hand annähen.

Von Hand nähen

Bei den einzelnen Projekten in vorliegendem Buch kommt eine Reihe unterschiedlicher Hand-sticharten zur Anwendung. Es handelt sich hierbei jedoch ausschließlich um einfach auszufüh-rende Grundsticharten, die anschaulich Schritt für Schritt demonstriert werden.

Handarbeitsnadeln

Die Wahl einer Nadel geschieht entsprechend ihrer Funktion sowie der Dicke und Beschaffenheit des benötigten Nähfadens für einen bestimmten Stoff.

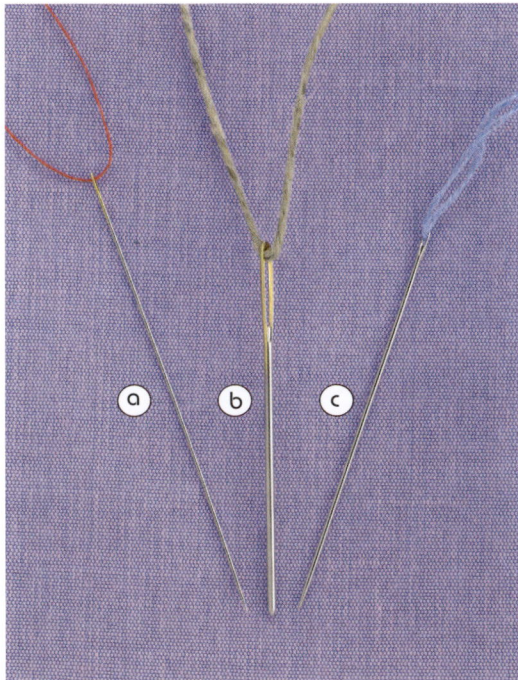

Auf diese Weise kann die Nadel glatt durch das Material gleiten. Zweckmäßige Nadeln sind:

- **Perlnadeln** für Perlen **(a)**
- **Chenille-Nadeln** für Perlenverzierungen **(b)**
- **Hutmachernadeln (Milliners)** sind besonders lange, biegsame und doch feste Nadeln mit feiner Spitze, geeignet für Applikationen sowie für sehr feste Stoffe, Perlenbesatz und Stickarbeiten **(c)**.

Zweckmäßige Handnähstiche

Nehmen Sie sich die Zeit, sich mit zwei der wich-tigsten Grundnähstiche anzufreunden:

Saumstich

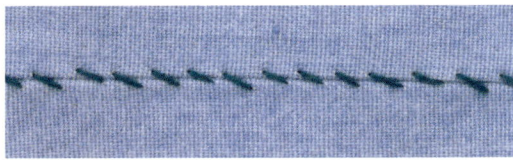

Mit dem Saumstich werden Säume genäht, Öff-nungen in Säumen geschlossen, Taschen auf- und Futterstoffe eingenäht. Bei sauberer Ausführung ist er beinahe unsichtbar. Man arbeitet von rechts nach links und nimmt nur wenige Fäden des Ge-webes von der einen Saumseite mit der Nadel auf. Anschließend sticht man die Nadel in die gegenüberliegende Saumseite ein und nimmt dort 3 mm Stoff auf. Die Nadel in der Saumkante wieder herausführen und den Vorgang wiederholen.

Leiterstich

Der Leiterstich ist eine praktische Methode, Säume an Stofftieren, Kissen, Polstern etc. (also an mit Füllmaterial gefüllten Objekten) zu schließen. Der Name besagt bereits, dass die Stiche wie eine Leiter aussehen, bis man den Faden strammzieht, um den Saum zu schließen. Das Fadenende verknoten und von der Innenseite der Öffnung aus beginnen, sodass der Knoten verborgen bleibt. Im Allgemeinen wendet man diese Stichart zwischen zwei umgeschlagenen Kanten an.

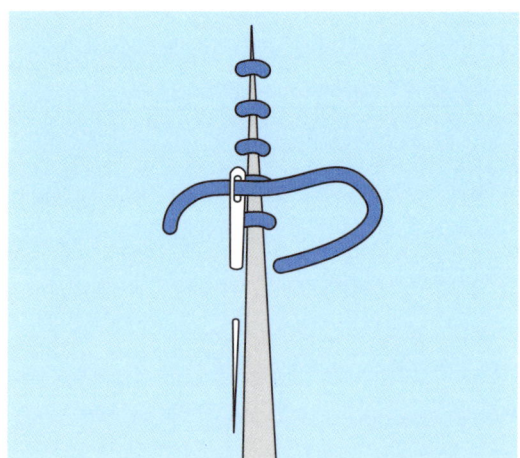

Dekorative Handnähstiche

Folgen Sie den anschließend gezeigten einfachen Skizzen und Anleitungen, um diese dekorativen Stiche auszuprobieren.

Vorstich oder Heftstich

Dies ist der einfachste Handstich. Vorzugsweise wird er angewendet, um zwei Stoffteile zusammenzunähen, kann jedoch auch dekorativen Charakter haben. Der Vorstich wird von rechts nach links gearbeitet, indem man die Nadel einfach in den Stoff ein und ausführt, gleich mehrere Stiche auf einmal auf die Nadel nimmt und in gerader Linie näht.

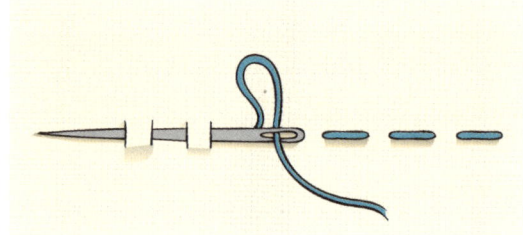

Tipp Für ein gleichmäßiges Stichbild die Unterstiche in gleicher Länge machen, aber nur etwa halb so lang wie die an der Oberseite.

Hexenstich

Dieser einfache Stich funktioniert dann besonders effektiv, wenn zwei Stoffe an- oder aufeinander genäht werden sollen, wie zum Beispiel beim Einnähen von Futter oder beim Aufnähen von Applikationen. Das Fadenende verknoten und die Nadel von der linken Seite eng am Übergang der beiden Stoffe nach oben ausführen. Einen kleinen geraden Stich über beide Stoffe arbeiten und die Nadel wieder auf die Rückseite des Stoffes führen. Dann in kurzer Entfernung vom ersten Stich die Nadel wieder auf der rechten Seite ausführen und den Stich wiederholen.

Languettenstich (Festonstich)

Der Languettenstich wirkt als dekorative Einfassung und am besten in einer mit der Stoffunterlage kontrastierenden Garnfarbe. Er wird von links nach rechts gearbeitet. Knoten in den Faden binden. Die Nadel an der Rückseite einführen, direkt an der Saumkante ausstechen und den Faden mit einem kleinen Rückstich in die Kante sichern. Von vorne ein Stück unter der Kante einstechen, Nadel nach oben führen, der Faden liegt hinter der Nadel, Faden durchziehen. Dabei bildet sich eine Schlinge, die vom Arbeitsfaden gehalten wird. Für den nächsten Stich ein Stück daneben einstechen, im gleichen Abstand zur Kante wie beim ersten Mal, Faden unter die Nadel legen, durchziehen.

Geknoteter Languettenstich (oder Languettenstich mit Knötchen)

Dieser Stich ist eine noch sicherere Variante des Languettenstichs, bei dem der Faden um die Nadel gewunden wird, um an der Stoffkante einen Knoten zu formen. Folgen Sie der Skizze! Nadel aus dem Stoff führen und einen 6 mm langen Stich durch den Stoff arbeiten. Den Faden über und hinter die Nadelspitze winden und durchziehen, um einen Knoten an der Stoffkante zu bilden. Einen weiteren 6 mm großen Stich etwas weiter neben dem ersten nähen und den Vorgang wiederholen.

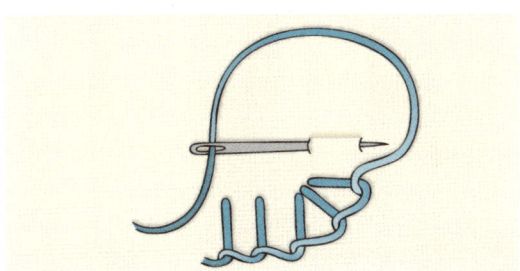

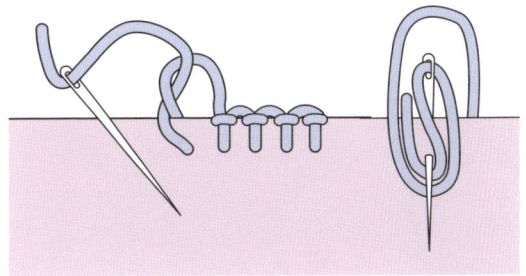

Sternstich

Bei einer Variante dieses Stichs stickt man zuerst ein + und anschließend darüber ein x. Jeder Stich sollte ungefähr 6 mm messen. Den Stern ausfüllen, bis man einen Stern aus acht Stichen gestickt hat.

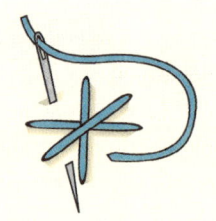

Stielstich

Dieser einfache Stich wird häufig bei Stickarbeiten dazu verwendet, die Stiele von Pflanzen darzustellen. Hierzu die Nadel am linken Ende der zu stickenden Linie zur Oberfläche führen. Am Ende der Stichlinie die Nadel auf der Rückseite als Erstes einen 6 mm langen Steppstich sticken und anschließend die Nadel 3 mm weiter zurück vom ersten Ausstich wieder einstechen, die Fadenschlinge dabei auf einer Seite halten und die Nadel durchziehen.

Weiterhin 6 mm lange Steppstiche nähen und die Nadel jedes Mal wieder auf der selben Seite herausführen und in der Mitte des alten Stiches wieder zur Oberfläche kommen.

Knötchenstich

Mit diesem Stich lassen sich kleine erhabene Knötchen zum Beispiel für die Darstellung von „Augen" arbeiten. Die Dicke des verwendeten Garns bestimmt dabei die Größe des Endprodukts. Die Knötchen werden gebildet, indem der Faden ein- oder zweimal um die Nadel geschlungen wird. Den Faden strammziehen, um die Windungen zu straffen. Mit stramm gehaltenem Faden die Nadel wieder dicht neben dem Austrittspunkt in den Stoff stechen und die Nadel durch die Windungen auf die Stoffrückseite durchführen.

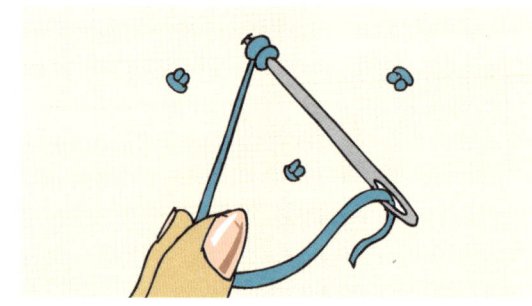

Tipp
Bei dieser Stichart müssen die einzelnen Knötchen nicht unbedingt gleich groß oder sauber erkennbar sein. Kleinere Unebenheiten ergeben ein reizvolles Bild.

Applikationen

Der Ausdruck Applikation leitet sich vom Französischen ‚appliquer' ab, was soviel wie „ansetzen, aufbringen" bedeutet. Bei dieser Methode wird aus Stoff eine Form oder Figur ausgeschnitten und auf ein Trägermaterial für eine Oberflächendekoration mit der Nähmaschine oder von Hand aufgenäht.

Verwendung von Haftvlies (Vliesofix)

Dieses doppelseitig klebende Vlies ist ein wichtiges Hilfsmittel beim Aufbringen von Motiven und der dauerhaften Verbindung von zwei Stoffen. Es wird in Rollen oder vorgestanzten Stücken verkauft und ist ein durchscheinendes Papier. Auf der einen Seite können auf der Schutzfolie (Papier) Zeichnungen aufgebracht werden, während die andere Seite nur eine Beschichtung besitzt, die bei Bügelwärme schmilzt und sich mit dem jeweiligen Untergrund fest verbindet.

Aufbringen von Haftvlies – Methode 1

1 Mit einem heißen Bügeleisen das Haftvlies auf die Rückseite des Applikationsstoffs aufbügeln. Die Schablone auf die so präparierte Stoffrückseite stecken und das Motiv sorgfältig ausschneiden.

2 Die Schutzfolie vorsichtig abziehen, das Motiv auf die gewünschte Stelle der Stoffunterlage legen und mit dem heißen Bügeleisen aufbügeln.

Aufbringen von Haftvlies – Methode 2

1 Die gewünschte Form oder das Motiv auf die Papierseite des Haftvlieses aufzeichnen. Grob ausschneiden und auf die Rückseite des Applikationsstoffs aufbügeln.

2 Jetzt die Form oder das Motiv sauber und sorgfältig ausschneiden und die Schutzfolie vom Haftvlies ziehen.

3 Die Form auf den Trägerstoff legen und festbügeln.

Tipp
Um Klebereste auf dem Bügeleisen zu vermeiden, nur auf der Papierseite des Haftvlieses bügeln. Beachten, dass das Motiv eventuell gespiegelt aufgezeichnet werden muss.

Von Hand applizieren

Bei dünnen Stoffen genügt Vliesofix, um die Motive auf dem Träger in Position zu halten. Bei Baumwollstoffen für Applikationen sind jedoch zusätzlich zum Haftvlies Nähte nötig. Dekorative Stiche wie Geradstich, Hexenstich und Languettenstich (siehe Seiten 102–103) sind hierfür gut geeignet.

Mit der Maschine applizieren

Einfache Nähte aus Geradstich, engem Zickzackstich sowie Flach- oder Plattstich sind eine gute Alternative zu Handgenähtem. Damit gibt man der Applikation gleichzeitig einen sicheren Halt und eine dauerhafte Einfassung; ideal für Stoffteile, die häufig gewaschen werden müssen.

Die Herzapplikation ist mit einer einfachen geraden Steppnaht aufgebracht. Die unregelmäßige Stichlinie erhöht dabei den Charme.

Hier ist das Stoffmotiv durch eine sorgfältige Einfassung mit einem sehr engen Zickzackstich (2 mm breit und 0,5 mm lang) sicher aufgebracht.

Einfassen von Rundungen

Arbeitet man an Applikationen mit Rundungen, dicht an der Außenseite anhalten, die Nadelspitze im Stoff, der Nähfuß angehoben. Dann das Nähgut in die gewünschte Rundung drehen. Für ein sauberes Ergebnis ist es gut, die Maschine immer wieder anzuhalten und mehrfach zu beginnen.

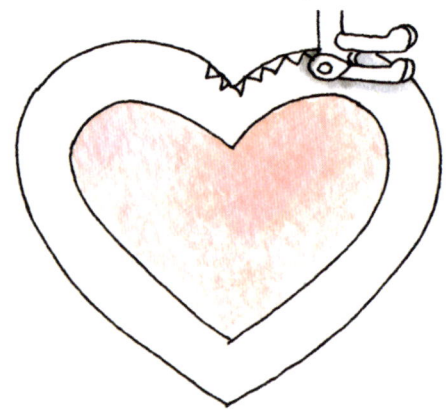

Crazy Quilt (Stitch-und-Flip-Technik)

Dies ist eine einfache Methode, ein Patchwork aus willkürlich zusammengenähten Stoffresten zu erstellen. Es kommt bei der Nährolle auf Seite 54 zur Anwendung. Hierzu verwendet man einen Trägerstoff wie einen Kattunstoff (Kaliko/Nessel) und unterschiedliche Stoffstücke.

1 Mit einem Stoffquadrat beginnen und an diesem grob die Ecken diagonal abschneiden. Das so zugeschnittene Stück in die Mitte (oder auch an den Rand) des Trägerstoffes stecken,

einen Stoffstreifen rechts auf rechts auf das Mittelstück positionieren, entlang einer Kante festnähen (stich) und die überstehenden Kanten begradigen, sodass eine durchgehende Nahtlinie entsteht. Das angenähte Stück umklappen (flip), damit die rechte Seite wieder nach oben zeigt. Bügeln.

2 Jetzt einen anderen Stoffstreifen oder Block z. B. an eine Querkante des neu entstandenen Stoffstücks anlegen. Feststecken und wie zuvor feststeppen. Die überstehenden

Kanten wiederum angleichen, das neu angenähte Stück umklappen und bügeln.

3 Nach dieser Methode immer weitere Stoffstücke annähen. Dabei die Nahtwinkel, in denen die Teile

angestückelt werden, stets wechseln, um Uniformität zu vermeiden.

4 Entsteht eine Lücke, die nicht durch Annähen verdeckt werden kann, ein Rechteck ausschneiden, das auf drei Seiten um 6 mm untergeschoben werden kann (wobei eine Seite frei und unversäumt auf dem Trägerstoff hängt) und feststecken. Von oben einnähen.

5 Ist der Trägerstoff vollkommen überdeckt, bügeln und die Kanten des Patchworks an die des Trägerstoffs angleichen.

Verzierungen

Das Einfügen eines Knopfes, einer Perle oder einer anderen Verzierung kann entscheidende Akzente setzen. Keine Sorge, falls Sie das für die Verzierungen in diesem Buch verwendete Material nicht erhalten, verleihen Sie den Dingen einfach eine eigene Note.

Perlen aufnähen

Perlen sind in endlos vielen Farben, Texturen und Materialien erhältlich – von zarten Rocailles-Perlen bis zu großen, handbemalten Holzperlen.

Perlennadeln

Perlennadeln sind länger und dünner als Nähnadeln und besitzen ein flaches Öhr, das durch die schmalen Öffnungen in den Perlen passt. Die Größe 10 ist eine gute Standardgröße. Muss die Nadel jedoch mehrfach durch eine Perlenöffnung geführt werden, wählt man besser die feinere Größe 13. Perlennadeln verbiegen oder brechen leicht. Legen Sie sich daher einen Vorrat zu.

Die perfekte Perlenstickerei

Näht man Perlen auf, muss der Faden an Anfang und Ende sorgfältig auf der linken Stoffseite vernäht werden. Man benutzt hierzu einen reißfesten Faden. Für einen sicheren Halt jede Perle zweifach auffädeln. Bei größeren Perlen (d.h. auch mit einem größeren Loch) den doppelt gelegten Faden zweimal hindurchführen und vor dem Einstich in den Stoff jeweils auffächern, um die Perle sicher in Position zu halten. Auf der linken Stoffseite einen kleinen Rückstich nähen, bevor die nächste Perle aufgenäht wird.

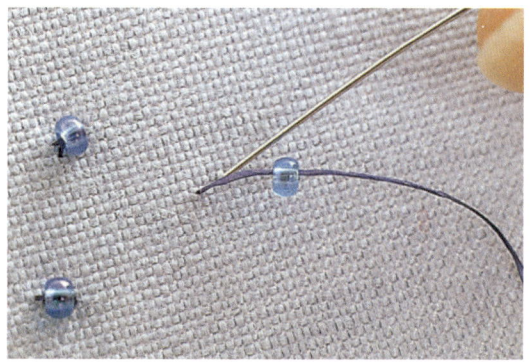

Rocailles-Perlen aufnähen

Große Perlen aufnähen

Knopf annähen

Knöpfe sind sowohl praktische Verschlüsse als auch attraktive Verzierungen. Mischen Sie unterschiedliche Knopfarten, um ein abwechslungsreiches Muster zu erzeugen.

Zwei- oder Vierlochknöpfe

Diese Knöpfe sind meistens scheibenförmig und werden entweder mit zwei geraden oder überkreuzten Stichen durch die Löcher hindurch an den Stoff angenäht. An der Stelle einen Stich machen, an der der Knopf angenäht werden soll. Anschließend den Kopf in geringem Abstand über dem Stoff halten und durch die Löcher das Garn mindestens zweimal in den Stoff führen. Den Knopf vom Stoff weg halten und den Faden mehrfach um die Schlingen winden. An der Stoffunterseite vernähen.

Ösenknöpfe

Ösenknöpfe thronen etwas stolz über dem Stoff und sind für schwereres Stoffmaterial geeignet.

Zum Annähen eines Ösenknopfes als Erstes einige Stiche auf der Stoffoberseite nähen. Den Knopf in geringem Abstand über dem Stoff halten, Nadel und Faden mindestens dreimal durch Öse und Stoff führen. Beim letzten Stich Nadel und Faden durch die Öse führen und um die Schlingen winden, damit auch hier ein „Stiel" entsteht. Auf der Stoffunterseite vernähen.

Knopfloch nähen

Viele der modernen Nähmaschinen haben einen speziellen Nähfuß (Knopflochfuß), mit dem Knopflöcher in einem Zug maschinell genäht werden können. Ältere Maschinen funktionieren dabei in mehreren Schritten. In der Gebrauchsanleitung für die Nähmaschine nachsehen, wie die Knopflöcher mit Ihrer Maschine genäht werden können. Ist das Knopfloch fertig, mit einer scharfen Stickschere oder einem Nahttrenner die Mittellinie zwischen den einfassenden Stichen öffnen. Dabei darauf achten, nicht in die Naht hineinzuschneiden.

Pailletten annähen

Pailletten sind ein sehr attraktiver Blickfang und können Ihrem Entwurf „Glamour" verleihen. Um eine Paillette anzunähen, den Faden mit einem Knoten sichern. Nadel und Faden durch den Stoff und durch die Mitte der mit der konkaven Seite nach oben platzierten Paillette ziehen und annähen. Dann Nadel und Faden erneut durch die Paillette führen und anschließend auf der Stoffunterseite vernähen.

Schablonen

Sämtliche Schablonen sollten 1:1 übertragen werden
es sei denn, die Anleitung verlangt ein anderes Maß

Handtasche im Japan-Look Seite 8   um 220 % vergrößern

Taschenboden
1 x in der Hauptstoffart zuschneiden
1 x aus dem Futterstoff zuschneiden

Seitenteil
2 x aus der Hauptstoffart zuschneiden

2 x aus dem Futterstoff zuschneiden

Taschenkörper
2 x aus der Hauptstoffart zuschneiden
(1 x Vorder- und 1 x Rückseite)
2 x aus dem Futterstoff zuschneiden

Handtasche im Japan-Look Seite 8
Geisha-Porträt

Alles in Hülle ... Seite 38
Perlenblüten

beschreibt die Position der Perlenblüten

Große & kleine Blüten

Längliche Herzform

Blütenmitte

Blütenblatt

Tasche aus Strick S. 20
Ansteckblume

Eine Tasche für
alle Fälle
Seite 14

Um 210 % vergrößern

Taschenkörper
2 x in der Hauptstoffart
(1 x Vorder- und
1 x Rückseite) zuschneiden

2 x Einlagevlies (falls nötig)
zuschneiden

2 x aus dem Futterstoff
zuschneiden

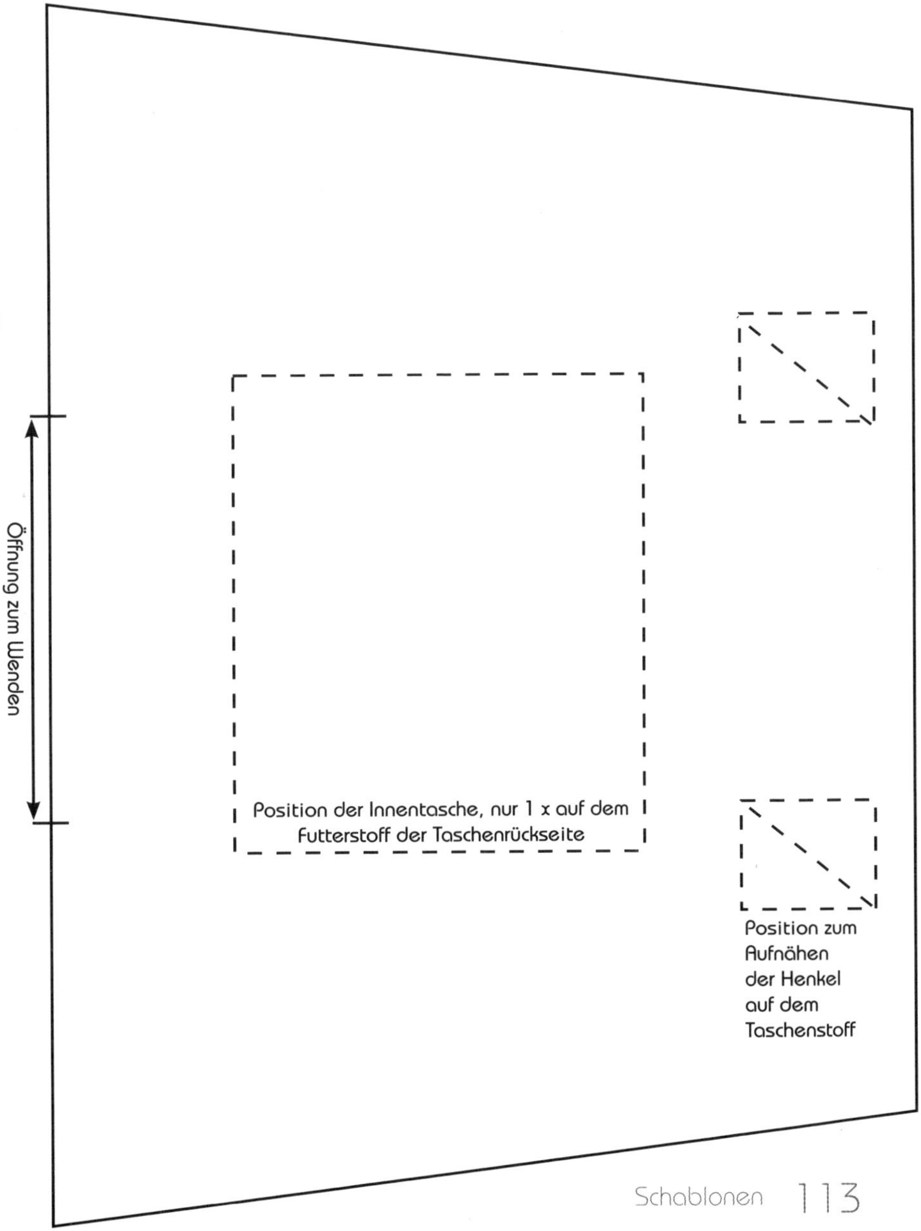

Öffnung zum Wenden

Position der Innentasche, nur 1 x auf dem
Futterstoff der Taschenrückseite

Position zum
Aufnähen
der Henkel
auf dem
Taschenstoff

Shopper für City-Girls Seite 30
Blütenapplikation

äußere Blüte

innere Blüte

Blütenmitte

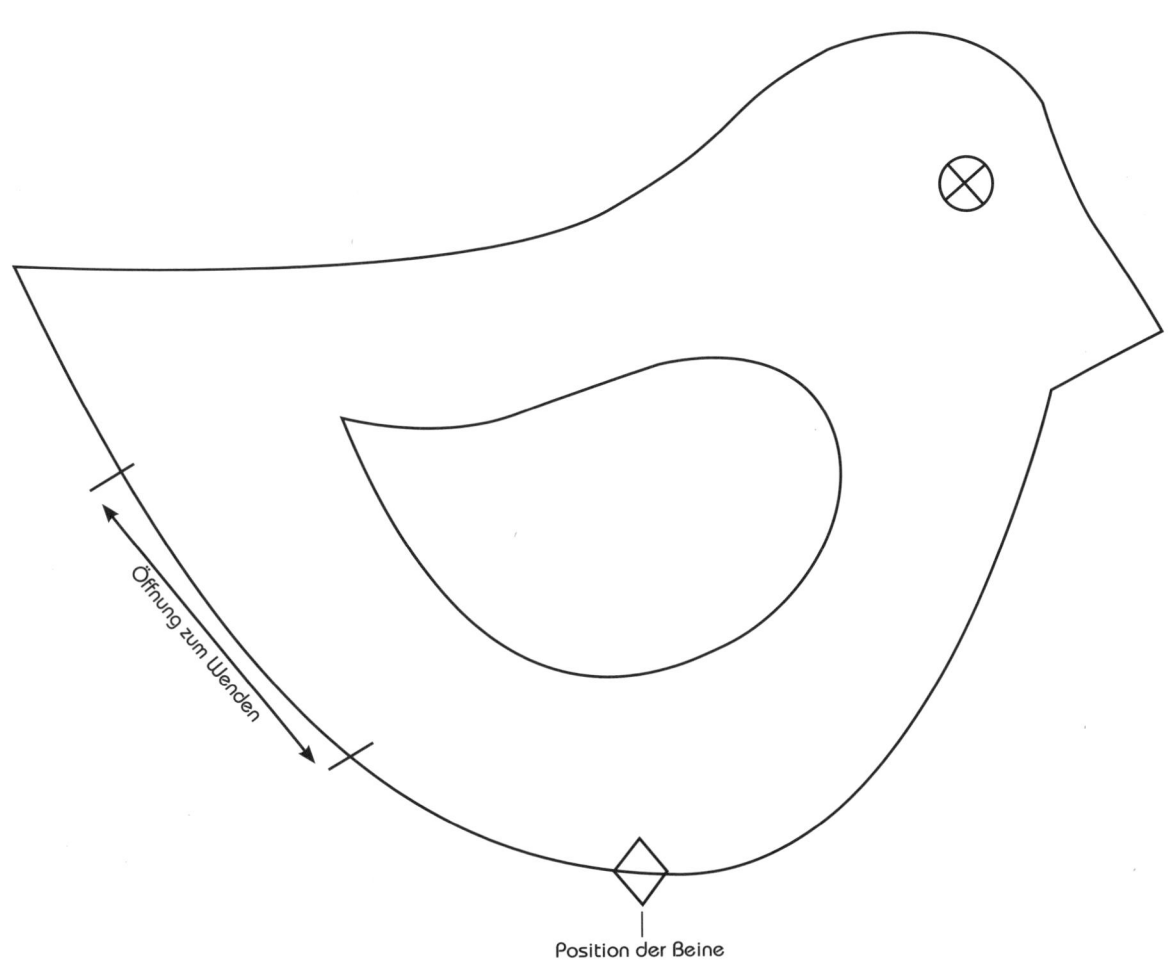

Öffnung zum Wenden

Position der Beine

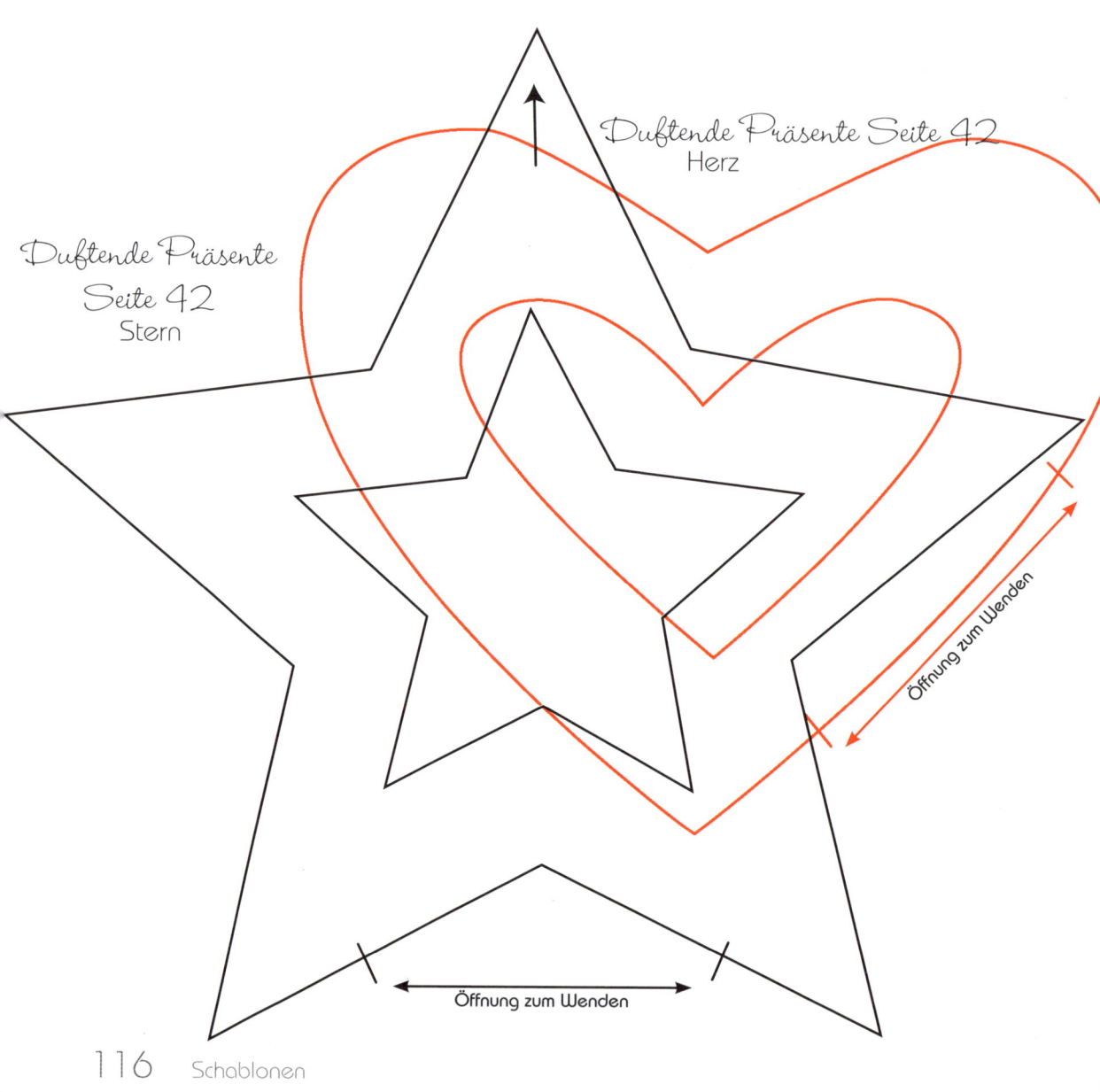

Duftende Präsente Seite 42
Herz

Duftende Präsente
Seite 42
Stern

Öffnung zum Wenden

Öffnung zum Wenden

Frei wie ein Vogel Seite 70
Taube

rückwärtiger Flügel

vorderer Flügel

Laubblatt

Blütenblatt

Kinderträume Seite 80

Pirat

Fee

Dank an die Designerinnen

Die Herausgeber danken folgenden Designerinnen, die es uns gestatteten, ihre Entwürfe in diesem Buch wiederzugeben:

Alice Butcher und **Ginny Farquhar** für „Eine Tasche für alle Fälle", „Duftende Präsente" und „Kinderträume";

Marion Elliot für „Tasche im Japan-Look" und „Kissen mit Quilt-Effekt'";

Ellen Kharade für „Tasche aus Strick" und „Frei wie ein Vogel";

Mandy Shaw für „Kunterbunte Handarbeiten";

Sally Southern für „Shopper für City-Girls";

Dorothy Wood für „Alles in Hülle ..." und „Kissen in Vollendung".

Register